愛知に学ぶ高校野球！

激戦区を勝ち抜く方法

田尻賢誉

竹書房

はじめに

激戦区という表現では物足りない。

それが、愛知県の夏だ。全国最多の神奈川と1校差の１８８校が参加（２０１７年）するため激戦区といわれるが、戦わなければいけないのは相手チームだけではない。全国屈指の猛烈さを誇る暑さが選手を襲う。名古屋では6月中旬から9月中旬にかけて、最高気温が35度を超える猛暑日が20日間を超える年は珍しくない。数日間続くのも当たり前だ。1995年には大会終盤の7月25日から8月10日にかけて、17日連続の猛暑日を記録した。

この暑さに追い打ちをかけるのが、終盤の連戦だ。参加校数が多いにもかかわらず、大会前半に試合が行われるのは土日のみ。そのせいで、どうしても終盤の日程が過密になる。大会後半に雨天中止になると日程はさらに過密化。5日間で4試合は当たり前。２０１１年には、5回戦から4日連続の試合という過酷さだった。

こうした問題に対応するため、愛知県高野連は２０１７年から大会の開幕を1週間早めた。これまでは第2週からだったのを、第1週へ。さらに準決勝と決勝の間には休養日を設けるようにした。それでも準々決勝からは4日間で3試合というのは変わりない。例年、全国でも最後の代表決定となることが珍しくないだけに、雨で順延が続くと休養日がなくなる可能性はゼロではない。投手が一枚しかいないチームにとっては、相当困難な日程だ。現状では、愛知県の公立校が甲子園を目指すには、夏は10年ごとの記念大会の年に中京大中京、東邦、愛工大名電、享栄の〝私学４強〟のいない東愛知の代表を狙うか、センバツの21世紀枠を狙うのが現実的だろう。

だが、変えられない問題に目を向けても仕方がない。自分たちが行動を起こすことで、変えられることを探すしかない。そのひとつとして紹介したいのが、継投策だ。参考までに、07年から16年までの10年間（08年は東西に分かれて２大会）で、愛知大会決勝に進出したチームの投手の準決勝までの投球イニングを別表Ａ（Ｐ２５２・２５３）にまとめた。

10年間の11大会中、準決勝までのイニング数が少ないチームが勝ったのが８度（08年の東愛知は同イニング）、エースの投球回数が少ないチームが勝ったのが７度だ。エースの投球回数が多いにもかかわらず勝った４度のうち２度は、準決勝までの投球回数が少ない投手が決勝で勝利投手になっており（07年愛工大名電・柴田章吾＝元巨人、14年東邦・藤嶋健人＝現中日）、実質９度は準決勝までの投球回数が少ないほうが勝ったことになる。イニング数、投球回数ともに相手を上回りながら勝ったのは15年の中京大中京だけ。両方少なければ、ほぼ勝ち。どちらかが少なくてもまず勝ちと計算できる。

イニング数を少なくするためには、シード校になること、大量得点をしてコールドゲームで終わらせることが条件になるため、弱者には難しい。決勝で勝つ条件に当てはまるためには、数多くの投手を使う継投策で一人あたりの投球イニングをできるだけ減らすしかないといえる。そうはいっても、「ウチはピッチャーがいないから……」と言う人がほとんどだろう。だが、いなければつくるしかない。1イニングでも、打者一人でも、投げられる投手を育てるしかない。たとえ実力的には物足りなくても、無理やりにでも使うしか勝つ道はないのだ。おそらくこれは、愛知県に限らず、全国共通で当てはまることだろう。

言い訳をしても、始まらない。いないものはいない。これから先、強豪校が欲しがるような有望投手が入学する可能性は低い。その事実が変えられないなら、割り切ってやるしかない。実は、創部当初からこのやり方で戦っているチームがある。それが、至学館だ。詳しい内容は第7章に譲るが、麻王義之監督は自チームを客観的に見つめ、できることに目を向けた結果、継投での戦い方を確立した。やると決めたら、とことんやる。そのスタイルに慣れ、チームとしてそれが当たり前になるまでやり続けるしかない。挑戦して、失敗する。苦労して、工夫する。そうやってチームをつくってきた結果が、2度の甲子園出場につながった。

もちろん、愛知県を勝ち抜くために頭を悩ませているのは至学館だけではない。実力校がそろうだけに、強豪もさまざまな取り組みをしている。今回は特別に〝私学4強〟で甲子園経験を持つ監督たちが、チームをつくるうえでの考え方、大会でのコンディショニング、戦い方などを明かしてくれた。「4強とは、選手のレベルが違うから」と言ったらそこで終わり。環境の違いはあれ、同じ高校野球の指導者なのだ。「選手たちにいい思いをさせてやろう」という想いは同じ。学ぶのはもちろん、これまでになかった視点を得るという意味でも、ぜひ各監督の考えに触れてみてほしい。チームも、指導者自身も変わるヒントが必ずあるはずだ。

愛知に学ぶ高校野球！

激戦区を勝ち抜く方法

目次

第1章

大藤敏行

中京大中京前監督・U18侍ジャパン代表コーチ

チームの一体感こそが、
目に見えない大きな力を引き出す、
最大の原動力になる。

第2章

高橋源一郎
中京大中京監督

激戦区を勝ち抜くためには、
特別なことではなくシンプルなことを
やることにこそ、答えにある。

第3章

阪口慶三

東邦前監督・大垣日大監督

毎年、毎年が勝負。
3年計画とか2年計画とかではなく、
戦力がなくてもその年に全力を傾ける。

第4章

森田泰弘

東邦監督

投手は複数持つこと、
コンディションをしっかりつくること、
シード権を獲ること。

第5章

倉野光生

愛工大名電監督

決勝に出るために、
夏は一戦必勝の精神が一番大事。
決勝に出れば何かが起こる。

第6章

柴垣旭延

享栄監督

“走姿顕心”の徹底で自制心を鍛えれば、
我慢する力や積極性が身につき、
持てる力を発揮しやすくなる。

第7章

麻王義之
至学館監督

強豪相手に能力勝負をしても勝てない。
相手を混乱させる“思考破壊”で、
どれだけ心理戦に持ち込めるか。

チームの一体感こそが、
目に見えない大きな力を引き出す、
最大の原動力になる。

第1章

大藤敏行

中京大中京前監督・U18侍ジャパン代表コーチ

大藤敏行 おおふじ・としゆき

1962年4月13日、愛知県生まれ。中京(現中京大中京)―中京大。高校時代に三塁手として79年夏の甲子園に出場。大学卒業後、静清工(現静清)の教諭を経て、90年に母校に赴任して監督。甲子園には春5回、夏4回出場し、97年センバツ準優勝、2009年夏優勝。

監督から選手の輪に入っていく努力

大藤じゃ、勝てない――。

1990年の夏、戦前から積み重ねた甲子園出場47回、日本一11度の名門・中京（現中京大中京）の指揮官に就任した大藤敏行前監督。就任当初は思うような結果が出ず、耳に入ってくるのは実績あるOBたち、そしてかつての栄光の時代を知るオールドファンからの厳しい評価ばかりだった。

一度目の大きな試練は1994年の夏。県立ナンバーワンの進学校・岡崎を相手に0対1で敗れ、まさかの県大会初戦敗退を喫したのだ。相手は6回まで無安打。7回の初ヒットをきっかけに奪われた1点だった。前年の93年に中京から中京大中京に校名変更。男子校から男女共学になるなど学校の変革期だった。1学年80人以上入部していた野球部も30人を切るまでに激減。かつてと比べれば戦力や選手層が落ちていたとはいえ、名門校が進学校に初戦敗退するなど許されるものではない。

「あれは完全に監督の指導ミスですよね。1点勝ち越されたあと、9回にノーアウト二塁のチャンスで送りバントのサインを出したんです。ところが、2回失敗。スリーバントのサインを出したにもかかわらず、『バントする自信がない』と言って打っちゃったんです」

中京の野球といえば、バントは決めて当然。ところが、その送りバントが決まらない。おまけに監督のサインを無視して打ってしまう。勝てなくて当然だった。

「それだけの練習をやってきてなければ、僕と選手との間の意思疎通もうまくいってないんですよね。最終的には人間と人間がやることなんで、監督と選手の意思疎通がうまくいってるかどうかが大きな要素になるのは、100パーセント事実ですよね」

翌日、グラウンドに現れた当時の木下勝茂校長に大藤前監督は「監督を続けてもいいですか?」とお伺いを立てている。それほど大きな出来事だった。

勝つためには、選手との関係を築かなくてはいけない。この翌年、コミュニケーションをとるために始めたのが、選手といっしょにごはんを食べることだった。

「当時関西（岡山）の監督だった角田（篤敏）さんが、選手といっしょに食事されてたんです。ものすごい厳しい人だったんですけど、冗談を言いながら食べてるのを見て『いいな』と。そう思ってマネしたんですけど、最初のうちは、こっちは何しゃべっていいかわからんわ、選手も警戒して何しゃべっていいかわからんわで（笑）」

はじめは「リラックスできない」と選手たちに迷惑がられた。それでも、やることが大事。続けることが大事。

「『こいつは今日は元気がないけど、風邪でもひいてるのかな』とか、『いつも弁当を持ってきてるのに2~3日持ってきてないな』と思ったら母親が病気だったりとか、今まで気づかないことに気づくようになりました。選手に対して、目配り、気配りと言いながら、一番それが必要だったのは自分自身。自分の人間的成長なくして生徒の成長はないのではないかと思えるようになりましたね」

練習中は厳しい監督に対し、選手からは話しかけづらい。だからこそ、監督から選手の輪に入っていく努力をしなければいけない。

野球以外の面での指導でセンバツ出場

二度目は1996年の夏。高卒で3人が社会人野球に進むなどメンバーがそろい、大会前の下馬評はダントツの優勝候補。大藤前監督自身も自信を持って臨んだが、春にコールド勝ちしている愛産大三河に4対7で敗れ、甲子園には届かず。ベスト4に終わった。

「そこまですべてコールド勝ちと打線は絶好調。しかも、ベスト4には東邦も享栄も愛工大名電もいない。マスコミに『甲子園が見えてきましたね』と言われ、口では『まだまだです』と言ってましたが、内心、その気になってたんです。ところが、準決勝の試合前、座っていたベンチの後ろが騒がしいので見てみると、子供たちがふざけ合って遊んでるんですよ。こういう姿は野球の神様に見られてるんでしょうね。みんな『大藤じゃ勝てん』と言っとるけど、このチームで勝てなかったので『やっぱりオレじゃ勝てん。中京で甲子園に行けない監督はオレぐらいだな』と思いましたね。これじゃ、いくらなんでも選手がかわいそうなんでやめようと」

今度は辞表を持って辞任を申し出たが、事務長から返ってきた言葉は「年度途中だし、他にやる人もいないから、とりあえず3月までやってよ」。あまりにも心ない言い方だったが、やると決まったからには何かを変えなければいけない。これを機会に、大藤前監督は方針を180度転換した。

「ダメ監督と自分で認めたわけですよね。そのときに、『オレは教員として、こいつらに何を伝えることができたのか』と思ったんです」

96年のチームは野球の能力は高かったものの、生活面などで注意を受けることが多かった。負けた原因がエラーだったこともあり、技術よりも精神面に問題があったと考えたのだ。

「大事なところで普段の生活が野球に出るってよく言われますけど、その通りじゃないかなと。そういうことをきちっと教えていかないと、この子たちが上のステージに行ったときに困ることが多いんじゃないかなと思ったんです。とにかく教員として、彼らにきちっとマナーだとかを教えなきゃいかんなと」

新チームからは野球以外の面での指導が多くなった。グラウンドにボールが落ちていたら練習は禁止。部室が汚かったら練習は禁止。遠征の準備のために、大きな道具を抱えていた控え選手の横を素通りしたレギュラーは、即座にメンバーから外した。

「昼メシのジュースを取りに来て手伝おうともしなかったんです。その選手には1週間バッティングピッチャーをやらせたり、ノックの手伝いをやらせたり、下積みの仕事をさせました。控え選手全員から推薦されてレギュラーに戻ったんですが、そのあと、その選手は試合で貴重なタイムリーを打ちました。大切なのは技術ではない。下積みに回ってくれる人に気配りができるかどうかだと思いましたね」

この他、利用駅周辺の清掃も実施。登下校時も見回り、交通マナーの悪い選手には注意をした。猛練習もなくなり、前年は朝から夜まで練習していた夏休みは、昼すぎに終わる日もあった。新チームは「弱かったんです。20年持った中で15番目ぐらいじゃないですか」。期待していた前チームと比べて、大きく戦力が落ちる。思い切った改革もしやすかった。

ところが、その弱いチームが快進撃を見せる。秋の県大会を1位で通過すると、東海大会で4強入りして9年ぶりにセンバツに出場。大藤前監督にとって初めての甲子園は、校名変更後初めての大舞台でもあった。秋からの勢いは春になっても続き、甲子園では決勝で天理に敗れたものの、日高中津、岡山南、春日部共栄、報徳学園を破って準優勝を果たした。

「キャッチャー（寺田良彦）が右手を粉砕骨折してたんですけど、一人しかいないからテーピングして無理やり試合に使ったんです。ボールを投げたときにテーピングが飛んで、指が飛んだと思いました（笑）。秋の東邦との試合ではそこを突かれてバンバン走られたんですけど（3回までに4盗塁）、そしたらそいつが泣いてるんです。それを見て、ファースト（橋本浩幹）がピッチャー（大杉樹一郎）に『もっとクイックで投げろ』、セカンド（伊藤亮）がキャッチャーに『大丈夫。ワンバンでも何でもアウトにするから』と声をかけた。実際、5回以降は折れた指で3度盗塁を刺しました。大量リードされてたんですけど、そこから流れが変わって逆転勝ちしたんです」

184センチの控え投手・松原一将は高野連による大会前の検査で肩に異常が見つかり投球禁止になったが、起床・消灯係を買って出て、チームに貢献しようと努めた。

「当時は寝坊するヤツとかいっぱいいたんでね（笑）。一生懸命やってくれました。あの頃に控え選手とか、周りのありがたさとかを一番感じるようになったかもしれないですね」

大藤前監督が大改革をした弱小チームのキャプテンだったのが、大藤のあとを継ぎ、現在中京大中京の監督を務める高橋源一郎だ。力のある1学年上の先輩たちが生活面のスキで甲子園を逃したのを見て、「これじゃダメだろ」というミーティングを繰り返した。高橋は言う。

「練習が早く終わったり、休みができたりして、コミュニケーションをとる時間もできたんです。当時は控え選手があまり練習させてもらえなかった。部員は100人弱いましたけど、先輩たちはレギュラーと控えが分かれてバラバラだった。みんなで戦おうという雰囲気ではなかったんです。それを見て、チームがひとつになってるのか疑問だったので、自分たちは『みんなでやろうぜ』という雰囲気をつくりたかった。だから、手伝ってくれる控えの選手に意識して『ありがとな』と声をかけたり、みんなで食べ放題に行ったりしましたね」

雰囲気のよさが好プレーを引き出した。秋の大会では日替わりヒーローが出現。高橋が「大して打たないヤツ」と言う五番打者が満塁本塁打を打ったり、打率1割台の七番打者がホームランを放ったりと予想外の力を発揮した。

「力があるヤツがいないから、『みんなでやらないかん』という気持ちが生まれた。大藤先生から『お前らは弱い、弱い』とずっと言われてましたし、自分たちは強くないというのがあったので必死でしたね。力のある先輩らでも勝てなかったので、集団として、チームとして戦うしかない。技術ではなく、勢いですね」

監督の大藤が野球以外の部分に目を向けるようになったこと、選手たちが個々の力では勝負できないと自覚していたことが、誰もが予想しなかったセンバツ準優勝につながった。

メンバーとメンバー外の絆で全国優勝

90年秋から2010年夏までの20年間、中京を率いた大藤前監督。その20年を10年ずつ前期と後期に分けると、はっきりとした差が出る。前期の10年で甲子園に出場したのは、準優勝した97年のセンバツと2000年の夏だけ。2001年以降の後期は、日本一に輝いた09年の春夏など7度出場を果たしている。後期でも傑出しているのが最後の3年間。08年春、09年春夏、10年春夏と5季中5季で出場し、優勝1度、8強2度の成績を残している。監督人生の最後になって、勝ち方がわかったような印象さえ受ける。

だが、これ以前にも甲子園で97年春に準優勝、04年夏にベスト8入りしており、突然勝ちだしたというわけでもない。なぜ、もう少し早く勝てるようにならなかったのだろうか。

「『のど元過ぎれば……』で準優勝しちゃうと『オレ様のおかげだ』と。バカだからそう思ってたんだろうね（笑）。あのときに周りのおかげだということで、コツコツ地盤を固めることができていたら……。（校名変更、共学化など）学校改革の途中でスポーツクラスもなかったから、常時というのは難しかったかもしれないですけど、もっと出場回数を重ねることはできたでしょうね」

では、なぜ勝てるようになったのか。もちろん、プロ入りした堂林翔太（現広島）、磯村嘉孝（現広島）、伊藤隼太（現阪神）を筆頭に、河合完治ら、大藤前監督が就任した当初よりも好選手が入学するようになったのはある。だが、それよりも大きいのは控え選手たちの存在だ。特に夏の大会は、ベンチから外れる選手たちがチームの雰囲気をつくる。彼らがどんな行動をとるか、どんな姿を見せるかが、チームの成績に直結するといっても過言ではない。

全国優勝した09年の代のベンチから外れた3年生で、大藤前監督の印象に強く残っている選手がいる。五島大輔だ。愛知衣浦シニアでは四番を打つなど中心選手。だが、高校ではひじを痛めるなどして力が出せなかった。高校入学後に悪化したひじ痛は手術しても完治せず、曲がっている。だが、五島は曲がったひじで打撃投手を務め、バント練習でも投げ、1か所打撃でも登板した。大藤前監督がよく覚えているのが、招待試合で沖縄に行ったときのことだ。

この代の3年生でベンチから外れたのは13人。招待試合による遠征が3度組まれていたため、13人を3組に分けて全員一度は遠征に行けるようにした。遠征先の一番人気は沖縄。じゃんけんで勝って沖縄遠征を勝ち取った中に五島もいた。その沖縄遠征での興南戦。2年生ながらエース格の力を持ち、打撃もよい森本隼平が、同じく2年生だった興南のエース・島袋洋奨（現ソフトバンク）にストレートだけできりきり舞い。三振を喫した。試合後、大藤前監督は森本にこう言った。

「なめられてまっすぐしか投げてこないのに打てない。情けない」

直後の昼食。森本は泣いていて食べられない。そのうち、すっと席を立った。その姿を見ていたのが五島。森本のあとを追うように、ごはんも食べずに外に出て行く。大藤前監督が球場の外に出ると、五島はバットスイングする森本に付き合っていた。手にはバット。森本がスイングする際にコースをイメージしやすいよう、一球一球、「ここを振れ」とバットの先端を前方にかざしていた。森本に「あんなヤツの言うこと気にすんな」と声をかけながら……。

「森本は中学時代オールジャパンの選手。いい選手に多いんですけど、自分がうまくいかんと下を向いたり、すぐに元気がなくなったりする。森本は典型的だったんです」

その姿を見た大藤前監督は、森本を呼んでこんな話をした。

「五島が沖縄行きを賭けたじゃんけんに勝って喜んでたの見ただろ？　それなのにメシも食わずにスイングに付き合ってくれる。あいつはひじが曲がっとるんだ。手術したの知ってるか？　そんなひじで投げてくれて、そのあとアイシングしたり、腰が痛いって言って、バッピ（打撃投手）やるために整体に通ったりしてるんだぞ。あいつはベンチ入りせんだろ？　お前のためにやってくれて、あいつは一言でもお前に文句言うか？　お前は1年の春から試合に出ていて、うまくいかんと下向いたり、シュンとしたりするけど、彼らに応えるにはどうしたらいいんだ？　とにかく元気出して、失敗しても一生懸命やることしかないだろ。それが先輩に応えられる唯一のことなんじゃないのか？」

1年春からベンチ入りし、スタンドで応援したこともないエリートの森本。自分の結果にしか興味がなかったが、先輩のためにという気持ちを持つことで変わっていった。夏の甲子園では優勝投手。3年生時は腰を痛めて本来の投球ができなかったが、最後の試合となった早稲田実戦では16安打14失点とめった打ちに遭っても、マウンドで痛いそぶりを見せなかった。

ベンチ入りする選手たちが「メンバーを外れた選手たちのために」とどれだけ思えるかどうか。中京大中京では、6月に行う合宿などでメンバーから外れた3年生が、合宿に参加している選手たちのユニフォームを洗うのが伝統になっている。合宿メンバーには当然下級生もいるが、たとえ1年生であろうと3年生が洗うことになっている。一度、大藤前監督が「下級生がやらんかい！」と怒ったことがあったが、3年生が「これは僕らがやることになってるんで」と譲らなかった。合宿中は時間がないので目をつぶっていた大藤前監督だったが、09年は夏の甲子園の宿舎でもメンバー外の3年生が洗濯しているのを見て言った。「自分の物は自分でやらんかい！」。その場では「わかりました」と返事をした選手たちだったが、大藤前監督が見ていないときを見計らって、またメンバー外の3年生たちが洗濯を始めた。レギュラーながら下級生の磯村が道具を磨いているのを見ると、代わりに磨く。率先してできることをやった。

「その子らが『あいつ（大藤前監督のこと）にはやったって言っとけ。気にすんな。ほっとけ、あんなヤツ。お前らは休んどけ』とか言っとるんです。『その代わり、勝っていい思いさせてくれよ』って。『あんなヤツって誰や？』なんて言いながら、もう、見て見ぬふりをしてましたね。控えの選手が気遣いするから、レギュラーも控えの選手に気遣いをする。お互いがお互いを思い合う気持ちがものすごく強かったですね」

メンバー外がそうだから、ベンチ入りした控え選手も一生懸命やる。大藤前監督が真っ先に名前を挙げたのが久保田剛史だ。１８６センチと大柄な左腕投手。球は速いがコントロールが悪く、横浜との練習試合では16球連続ボールを投げたこともある。その久保田をベンチ入りメンバーに選んだ決め手は裏方の仕事を全力でやっていたからだ。

「１９０ぐらいある身体で、バット引きやエルボーガードの受け取りなんかを全力で走ってやるんです。力は明らかに下級生のほうが上だったんですけど、同級生の評判もいいし、下級生思いの優しいヤツなのでベンチに入れました」

愛知県大会は20人がベンチ入りできるが、甲子園は18人。二人削ることになるが、大藤前監督は久保田を残した。

「メンバー発表で『18番、久保田』と言った瞬間、河合（完治）とかがワーッと泣き出したんです。まさか入ると思ってなかったんでしょうね。抱き合って泣いてましたよ」

ベンチ入り発表後、大藤前監督が久保田にかけたのはこんな言葉だった。

「投げる機会はないかもしれんけど、お前が走ってる姿を見せるだけでみんなを元気づけることができる。特に苦しい試合になればなるほど、お前のそういう力が必要になるから、頑張ってくれよ」

久保田は行動でそれに応えた。練習のときから一人で大声を出し、張り切って走り、外野を守っては捕れない打球にも飛び込んだ。

「ホントにいい味を出してくれました。試合にはなかなか出れないけど、ベンチを盛り上げてくれる。試合に出る選手だけじゃなくて、個性豊かないろんなヤツがいましたね」

いい選手がいたから、能力の高い選手がそろっていたから、勝てたわけではない。表舞台には出ないが、控え選手たちが役割を自覚し、盛り上げ、チームの一体感をつくってくれたからこそ、43年ぶりとなる全国優勝が実現したといえる。

ただ、ここで見落としてはいけないのが、「この代だけ、控え選手にいいキャラクターが集まったのかどうか」ということだ。実は、以前にも同じような気持ち、心を持つ選手がいたのではないか。

「たぶんいたんでしょうけど、そういう子に目を向けて、チームとして一体化させるだけの能力が僕になかったんでしょうね。鍛えれば強くなると勘違いしていたと思います。もちろん練習しなきゃうまくならないんですけど、練習したから強くなるんじゃない。それよりも、持ってる力をどう引き出すのかが重要。それも考えずに、ただやらせてるだけの時代があったと思います。（監督生活の）後半になってそういうことがわかるようになってきた。叱りつけても力は出てこない。彼らが気持ちよく力を発揮するために、どうしたらいいかということを監督は考えなきゃいけないと思います」

チームが一体となることで生まれる力

控え選手がチームをつくる。

そう言っても過言ではない。これまでに、大藤前監督は控え選手のすごさを実感したことが何度もある。

「レギュラー陣にタイム設定つきの100本ダッシュをさせたことがあるんです。途中で限界がくるんですよね。そのとき、控え連中が代わりばんこにいっしょに走ったんですよ。そうすると、できちゃうんですね。アメリカンノックなんかでも、へばってきて動きが鈍くなってくると、控えの3年が『頑張れ』と言っていっしょになって走る。できちゃうんです。個人ノックなんかでも、みんなで囲んで『頑張れ、頑張れ』と言ってやると頑張れる。何かの測定をするときも『頑張れ』と言ってやると記録が上がるんですよ」

チームが一体となることで生まれる力と、言葉の持つ不思議な力。これをつくりだすのが控え選手たちだ。それが目に見える形となって表れたのが、09年だったといえる。もちろん、そうなるための下地づくりは以前から進められていた。大藤前監督が現役の頃は、レギュラーと控えが完全に分かれていた時代。メンバーに入れなければ球拾いだった。

「僕たちの頃は、控えの連中が自分たちのことを〝コケ連〟と言っとったんです。『何の役にも立たないコケの連中だ』と。いい言葉ではない。何とかその劣等感をなくそうと思ってました」

監督生活がちょうど10年目に入った00年。新しい試みとして始めたのが大府との親善試合だ。今では珍しくなくなったが、ベンチ入りできない3年生同士の〝引退試合〟。残念ながら夏の大会はスタンドでの応援に回る選手たちが、県大会決勝の舞台となる瑞穂球場で、公式戦のユニフォームに背番号をつけてプレーする。彼らにとっては3年間の集大成となる場だ。

「ユニフォームを新調したときに、控えの子が『いいなあ、新しいユニフォーム。オレたちもバスに乗って球場行ってやりたいよな』と言ってるのを聞いたんです。そうだよな、みんな野球好きだし、そういう思いでやってるんだよなと。何とかあいつらに1試合でもやらせたいという思いでしたね」

中京大中京の場合、ベンチ入りした選手たちは学校からバスで球場に向かうが、スタンドでの応援組は電車に乗って球場へ行く。バスで球場入りして試合をする――これは、メンバーだけの特権ともいえる。メンバーにとっては当たり前のことでも、控え選手にとっては特別なこと。そんな当たり前のことに気づかされた。

「あるとき、レギュラーばかり叱ってたら、控えの子が『僕も叱ってくれ』と言ってきたんです。『先生はレギュラーも控えもいっしょだと言うけど、違うじゃないか。僕たちに遠慮してる』と。子供たちはそういうことも感じるんだなと思いました。子供から教えてもらうことは多いですね」

そうやって、徐々に控え選手たちに目を向けるようになった積み重ねが、09年だったのだ。名門校ゆえ、勝利を義務づけられるのは仕方がない。だが、勝つことばかりに目が向いているうちは、かえって成績はふるわなかった。

「最初の頃は自分が勝ちたいという思いと、勝たなければいけないという思いばかり。そのためには厳しい練習を長時間やらなければいけないという勘違いをしてました。（監督生活の）後半になって勝ち方というよりも、チームづくりの仕方はわかってきましたよね。試合に出る選手と残念ながら応援に回る選手がいるけど、それは役割の違いだと思い始めたんです。控えに回っても、その子のプライドを満足させてやるためにはどういう接し方をしたらいいいんだろうと」

レギュラーと控えを分けるのではなく、同じ練習をする。ベンチ入りを争う選手がいる場合、同じ試合で起用して結果で判断する。そういう場を用意する機会を増やした。本人が納得すれば、自然と手伝いに回るようになる。力の差は、選手たちが自分で実感するものなのだ。

「ひとつのチームですからね。ひとつの組織にするためには、どんなことに注意したらいいのか。うまくいかないときというのは、えてして試合で頑張る子たちにしか目がいかないんですけど、そうじゃないんですよね」

控え選手にまで目を配ろうと視野を広くすることで、気づくことが多かった。その結果、選手たちとの関係もよくなり、チームの雰囲気もよくなった。

「野球だけじゃない子供のよさっていうか、人間としての幅を認めてやれるようになってから、ちょっとずつ野球の質も変わった。『自分が、自分が』というんじゃなくて、オレができんことを子供がやってくれるだろうとか、オレが失敗したら助けてくれるし、子供が失敗したらオレが助けたれというような人間関係ができてきたと思いますね。勝ちたいとだけ思ってるうちは、勝たせるためのことにしか気持ちがいかないですよね。でも、勝つために大事なのは、一致団結してみんなが同じ方向を向くこと。みんなが自分自身、何ができるんだと考えてくれるようになれば、練習の中でもうまくいく方法を考え出したりするものなんです」

いい選手を集めて、ガツガツ技術指導をすれば勝てるわけではない。一見、遠回りに見えても、控え選手に目を配り、子供たちの気持ちを考えて、組織づくり、環境づくりをする。これこそが監督の仕事であり、勝つために欠かせないことなのだ。

いくら打っても守りを疎かにはしない中京野球

ゴールを設定するからこそ、やるべきことも明確になる。

2009年はまさにそうだった。春のセンバツでは準々決勝に進出。9回2死まで5対4とリードし、ベスト4まであと一球という場面から報徳学園に逆転負けした。試合後、「勝てたゲームだった。日本一になるチャンスだった」と言う選手たちに対し、大藤前監督がかけたのはこんな言葉だった。

「オレはそうは思わない。今日勝っても次は清峰。今村（猛、現広島）から点は取れないし、堂林は間違いなく3、4点は取られる。もし勝っても次は雄星（花巻東のエース・菊池、現西武）。点を取るのは難しいだろう」

指揮官として冷静に分析した結果から出た言葉だったが、選手たちは素直に受け入れることはできない。

「監督なのにそんなこと言うなんて、ひどいじゃないですか」

実は、大藤前監督の狙いはこれだった。「お前らじゃ無理」「このままじゃ厳しい」と投げかけ、反発するのを待っていたのだ。

「じゃあ、やるか?」

「はい」

「今から帰って練習だ」

このミーティングをしていたのは大阪の宿舎。名古屋に帰って即練習という言葉に選手たちの目は点になった。

「『えっ⁉』って、お前ら、今やるって言ったばかりだろう」

これが出発点になった。

これを機に、大藤前監督は大幅にラインナップを変更することを決断した。

センバツで捕手を務めていた柴田悠介をファーストに回して、2年生でレフトを守っていた磯村を正捕手に固定。打撃を活かすためにファーストで試合に出ていた森本は、投手に専念させることにした。守りを固めるため、打力には目をつぶってセンターには岩月宥磨を起用。センターラインを強化するとともに、森本が準備万端で登板できる環境を整えた。

河合、堂林、磯村の強力クリーンナップを中心に強打が自慢のチームだったが、選手たちは誰に聞かれても全員が「自分たちは守りのチームです」と答えた。あくまでも、守りが第一。いくら打っても、守りを疎かにはしない中京野球を理解していた。

「自分たちがどういうチームを目指して、どういう野球をやるのか。何が強みでどんなことをやりたいのかが明確だったんですよね。目標が明確だから、そこに到達するために何をすべきかがはっきりしてました」

量重視から質重視へ意識改革

174・2センチ、74・3キロ。

これがレギュラーの平均身長、平均体重なら、控えの選手も含めたベンチ入りの平均身長、平均体重は176・2センチ、75キロ。大柄ではないが、テカテカ光る素材のピチピチのユニフォームがはちきれんばかりで堂々たる体格ぞろい。これが、09年の中京大中京だった。以前から身体づくりには力を入れてきたが、目標が日本一に定まったことで、選手たちの意識はより強くなった。

「どうやったらこんな身体になるんだ？　デカい、デカいとよく言われました」

大藤前監督が監督になって、まだ甲子園を経験していない頃、関西遠征でやっこ旅館に宿泊したことがあった。甲子園出場チームの定宿となっているこの旅館には、日本一になった帝京も泊まったことがある。食事中、中京の選手が食べる姿を見て、おかみさんがこんなことを言った。

「帝京と同じ量を出してるのに、あんたたちが食べるのは半分やないの。これじゃ、甲子園にも来れないはずやわ。しっかり食べなあかんよ」

中京には寮がなく、選手たちは自宅通学。食べる意識を持たせるために、いろいろな試みをした。もっとも多く取り組んだのが食事合宿。金曜日の放課後から日曜日の昼まで、野球よりもごはんを食べることを目的にした短期合宿を繰り返し行った。1年生も入学直後に食事合宿を経験。高校野球をやるために必要な食事量を体験させた。

「夏の大会を勝ちきるというよりは、身体づくりを長いスパンで考えてやったことですね。09年の子たちは、3年計画じゃないけど、こういう取り組みがずっと続いて、それが根付いてうまくいったと思います」

具体的な食べる量は1日にお米2キロ。どんぶりにすると1回の食事で3~4杯だ。昼の弁当はお米700グラムが入るタッパーに入れて持参。食事の時間になると、当時コーチだった今村陽一部長が部員たちの様子を見回り、食べきるように指導した。練習が始まり、17時頃になると補食。補食用に家から持参したおにぎりをほおばり、マネージャーがつくったみそ汁を食べるようにしていた。

「17時ぐらいになると腹が減ってくるんですよね。血糖値が下がってくると集中力がなくなってきて、身体の動きも悪くなってきますから」

強制的なうえに食べる量が増えるため、はじめは苦しいが、慣れれば食べられるようになる。これだけの量を食べることを、いかに習慣にできるか。これがポイントだ。

身体づくりを進めるため、食事に加えて意識を変えたのはトレーニング。もちろん、それまでもやってはいたが、やり方を変えた。まず変えたのはやる時間だった。

「練習が終わってからトレーニングするのをやめたんです。結局、技術練習をやったあとにトレーニングをしても付録じゃないですか。へとへとになったあとにやるトレーニングというのは、意識を持ってやるトレーニングとは違って付け足しのような感じになるので、これじゃダメだなと」

では、いつやるのか。

「朝ですね。朝練をやめて、身体が一番元気なうちにトレーニングをやろうと。家が遠く、朝早く来れない者もいるので、時間は45～50分。フルではできないので、今日は背中、今日は足という感じで分けてやりました。ただ、ウチは当時、半端じゃない量を走らせてたんで、これだけ走ってるんだから下はやらなくてもいいぞと。だから、背中とか裏側を鍛えることが多かったですね」

野球界でトレーニングというと冬場にやることが多いが、この考えも改めた。年間を通してトレーニングを継続するようにしたのだ。

「冬だけやっても意味ないなと。当然、冬になるとトレーニングの量は増えるんですけど、年間通じてトータルで考えようと」

変えたのは時間だけではない。トヨタ自動車のトレーナーで、第1回WBCでは日本代表のトレーナーも務めた草場昭宏氏に指導を依頼。正しいやり方を教わるようにした。

「ウエイトトレーニングといえば、単に重いものを持ち上げればいいという感覚だったんですけど、草場さんに『このトレーニングじゃダメだ』と。『重いものを無理やり持ち上げようとしてる。これでは壊すよ。ここまで重くなくていいから、正しいフォームで持ち上げないとケガをするよ』と」

寮も雨天練習場もない中京。それまでは、冬になるとグラウンドに器具を出して、ランニング班とトレーニング班に分け、1時間半ずつ入れ替えながらやるのが常だった。

「寒いときに凍えながらやっとったって、一生懸命やらんだろうし、見てないほうはサボってる。ランニングでしぼられてヒーヒー言ってるのに、そのあとにスクワット150キロだ、160キロだなんだっていったら、ケガするためにやってるようなもんですよね。今考えるとバカなことをやっとったなと思うんですけど、それでも当時は真剣にやってたんですよね」

ランニングメニューも見直した。ウエイトトレーニングと同様、ランニングも専門家に指導を依頼。来てもらったのは当時中京大にいた杉本龍勇氏だった。バルセロナ五輪では、陸上男子100メートルの日本代表だった走りのスペシャリストから教わった。

「股関節の動き方とかランニングフォームを教わりましたね。『何で野球選手ってスパイク履くと頭が上下するの？』とか『何でベースランニングは余分なところを走るの？　直角に曲がれるよ』とか。驚いたのは『野球はグローブを持っていて左右の重さが違うから、走り方は陸上と違う』と言っていたこと。専門家ならではのいいアドバイスをいただきました」

同じやるにしても、専門的な知識があるのとないのとでは効果がまったく異なる。やらせるだけで安心している指導者もいるが、より効果が出る方法を考えたり、環境を整えたりすることが指導者の役割。時間やお金、人脈のなさなどを理由に専門家の指導をあきらめる人がいるが、できない理由ではなく、どうやればできるかを考えるのが指導者の仕事だといえる。

「自分の知らないことは、人に任せるに限る（笑）。自分が知らないことを知ってるかのようにふるまったり、人から聞いてきたことを自分の知識として伝えるのは、どうしても限界があるんですよね。任せたら一切、僕は口出ししません。見てると言いたくなるんで、指導してもらっているときは見ない（笑）。好きにやってくださいと。その代わり、やる前に打ち合わせはします。プレーするときにどんな動きが必要で、どこを鍛えたいのかは先に話して、『じゃあ、このトレーニングは多めに入れましょう』とか」

専門家に指導を依頼して得たのは、専門的な知識だけではない。大藤前監督はこんなことに気づかされた。

「野球って、とにかく量をやりすぎだと。それも一生懸命やってるんじゃなくて、適当な力加減で、回数をやればいいという感じになってる。これはノミのジャンプじゃないですけど、全力で力を出さないための練習をしているようなものだと言われたんですね。そう言われてみたら、タイムを縮めるためにはどうやってターンしたらいいんだとか考えながらやらなきゃいけないのに、ただ回数をやらしておけば強くなると思っていた。そのやり方はちょっと違うんじゃないかと感じるようになりましたね。ときにはどこまで追い込むかというのも必要だと思うんですけど、坊さんじゃないんですから、修行をやらせても野球はうまくならない。技術を上げるため、野球がうまくなるためにはどうしたらいいのかを常に考えないといけないなと。そう思うようになるまで、さんざん回り道しました（笑）」

量重視から質重視へ。さらに、日本一という目標が選手たちの意識を変えた。専門家の知識を得て、考えて、工夫した結果が、あの周囲を驚かせるがっしりした肉体となって表れたのだ。

日本一という目標が選手たちの意識を変えた

日本一になるために逆算してやったことがもうひとつある。

09年は速球派の好投手が多くいた。清峰・今村、花巻東・菊池の他に西条・秋山拓巳（現阪神）、明豊・今宮健太（現ソフトバンク）ら最速150キロをマークしたのが4人。この他にも147キロの長崎日大・大瀬良大地（現広島）もいた。優勝するためには、これらの投手を打ち崩さなければいけない。センバツが終わってから始めたのが、160キロのマシンを打ち込むことだった。

「邪道だけど、これはスピードを感じるしかないなと。『うわっ』と感じさせないようにするためには、マシンで160近い球を打つしかない。（慣れておいて）大したことないという感覚にさせるために、どうしたらいいか考えた結果でした」

実は、夏の甲子園でベスト8に進出した04年にも、同じようなことをして成功した経験があった。この年のセンバツは愛工大名電が準優勝、東邦がベスト8。名電には左腕・丸山貴史（元ヤクルト）、東邦には木下達生（元ヤクルト）がおり、中京大中京は春の東海大会で優勝しながら夏の大会の下馬評は三番手扱いだった。

「お前ら三番手だぞ。悔しくないか？　と言ってガンガン練習しました。09年の子たちよりも死ぬほど練習したと思います」

プロ注目の2投手対策として〝助っ人〟を呼んだ。一人は150キロを投げる中京大の深町亮介（元巨人）。OBということもあり、毎日のように打撃投手を務めてくれた。深町の球速に慣れ、打てるようになってくると、今度はこれまた１５０キロ以上の速球を投げるトヨタ自動車の上野弘文（元広島）。上野の出身校である樟南とは練習試合で定期戦をしていたこともあり、手伝ってくれたのだ。準々決勝の東邦戦の試合前には、中京グラウンドで上野相手に1か所打撃をしてから球場入りした。

「そのときの経験もあったんでね。速さに慣れるのは大事だろうと」

09年の優勝メンバーも、はじめは１６０キロを打てなかった。打ったのは堂林と河合だけ。全員が対応できるようになったのは、ようやく6月の中旬ぐらいだった。

「夏の甲子園に行ったときには、１５０超えても対応できるなという自信はありましたね」

１６０キロのマシンをガンガン打って打力を上げるチームといえば、智辯和歌山が有名。大藤元監督もそこからヒントを得たと言うが、両校に共通するのは打てるようになるまでやったこと。打てなくてもやり続けたこと。智辯和歌山の高嶋仁監督はこの練習について、こう言っていた。

「速いボールというのは、打つ、打たんよりも、目が慣れるか慣れないか。だから、打たなくてもそんなに文句は言ってません。１６０キロだと、ウチの下級生は打てないですよ。見たことないんやから。でも、２年生になったらカンカン打つじゃないですか。慣れしかないですよ。ウチに見学に来る監督さんがいますけど、『やっぱり速い球を打たないとあかん』って、みんな帰って打たすんですね。当たらんですよ、１週間たっても。それでだんだん緩めるんです。135ぐらいになったらカンカン打つんですね。それでもいいんですけど、やっぱり甲子園に出て勝とうと思ったら、化け物が必ずおるじゃないですか。それを常に頭に入れてます。だから、打つ打たんは別として打たせてるんです」

中京大中京の打者でも、対応できるようになるまで2か月かかっているのだ。生半可な気持ちでは途中で心が折れてしまう。「目標を達成するためには、絶対にクリアしなければいけない」。強い気持ちがなければ妥協につながる。やると決めたら、できるまで続ける。これができなければ、強豪校の厚い壁は突破できない。

選手たちが考えて自分たちでとった行動

勝ちたいという気持ち。絶対に日本一になるんだという気持ち。本気で思うと、選手たちが自ら考えるようになる。09年のチームで印象に残っているのは攻撃時の準備の姿勢。とにかく各選手の準備が早かった。打席に一番打者がいれば、ネクストに二番打者。二人後ろの三番打者までがヘルメットを被って防具をつけて準備をするのが通常だが、このときの中京は二人後ろどころか五番打者、六番打者まで準備をしていた。防具をつけて打席に入る態勢を整え、ベンチでタイミングをとる。プロ野球選手のような意識の高さで、打席に入ったら1球目から振るための準備をしていた。約20年間、甲子園を取材しているが、ここまで意識の高いチームは見たことがない。当然、大藤前監督の指示によるものだと思ったが、「やれとは言ってません」。選手たちが考えて、自分たちでとった行動だった。

この他、中京大中京で見逃せないのは、練習時からキャッチボールをする際には捕手が必ず防具を〝フル装備〟していること。高校生はもちろん、プロ野球選手を見てもほとんどフル装備の捕手はいない。たいていが「面倒くさい」「暑い」「邪魔」という理由でつけていない。つけていたとしても、マスクは被っていないことがほとんどだ。だが、試合では必ずマスクをつけて送球する。マスクがあるのとないのとでは、マスクがあるほうが投げにくい。普段、マスクをつけずに練習していれば、楽なほう、投げやすいほうを選んでいることになる。試合で難しいほうをやろうとするのだから、成功する確率は当然低くなる。だが、これも大藤前監督の指示ではなかった。

「キャッチャーはマスクをつけた視野でしかボールが見えないんで、その中で練習するのは当然といえば当然ですけど……。それも言ってないですね」

09年のチームで大藤前監督の印象に残るプレーがある。それは、夏の準々決勝・都城商戦で見せた〝変則ダブルプレー〟だ。4回表、4対2と追い上げられてなおも1死二塁という場面でサードへゴロが飛んだ。これを捕球した河合は、すぐさま二塁に送球。飛び出していた二塁走者をタッチアウトにしたあと、セカンドの国友賢司が一塁に送球して併殺完成。ピンチを脱したのだ。このプレー以降、相手は無安打。流れを止めるビッグプレーだった。

「『こういうとき、絶対ランナーは飛び出すから』と言って練習していたプレーなんです。『ランナーを見たら戻るから』と、ランナーを見ないで二塁に送球する〝ノールック〟で練習してました。あのプレーを見た控え選手の親が『すげープレーだ』と言ったんですけど、その息子が『バカヤロー。オレら何発ぶつけられたと思ってるんだ。できて当たり前だ』と。練習で何回も送球を当てられてるんですよ」

もし二塁走者が素早く戻ったとしても、二塁手がすぐに一塁に送球すれば打者走者はアウトにできる。リスクも少なく、それでいてアウトにできる可能性があると練習していたことが大舞台で出た。ちなみに、これは同じ走者二塁の状況のピッチャーゴロのときにもできる。こちらは、興南が練習しているプレーだ。5－4T－3も、1－4Tまたは6T－3もほとんど見られない併殺パターン（Tはタッチの意味）。だが、機会の少ないプレーだろうと、必要であれば繰り返して練習するのが勝ちたい気持ちの表れ。目指す目標が高く、本気なら、行動も練習内容も自然と変わってくるのだ。

目に見えない大きな力を引き出す最大の原動力

最後に、あらためて聞いた。

激戦区を勝ち抜くため、日本一になるために絶対に必要なものとは——。

大藤前監督が挙げたのは一体感。そして、こんなエピソードを披露してくれた。U‐18侍ジャパンのコーチを務める大藤前監督。16年に行われたU‐18アジア選手権で、もっとも印象に残ったのが東邦の藤嶋健人（現中日）だった。東邦ではエースで四番の藤嶋も、ジャパンでは控え。それでも腐らなかった。決勝進出をかけた韓国戦ではこんなことがあった。9回表、藤嶋は二人目の打者の代打として準備するように言われていた。ところが、先頭打者・入江大生（作新学院）のカウントが3‐0になる。この時点でのスコアは3対1。ここで、小枝守監督と大藤コーチの間でこんなやりとりがあった。

「このバッターが出たら、（次の打者には）バントやらしたいな」

「やらせればいいじゃないですか」

「でも、藤嶋に代打って言っちゃったんだよ」

「僕が言いますからいいですよ。キャプテン（小池航貴、木更津総合）が残ってますからバントやらせましょう」

藤嶋のもとへ行き、大藤コーチが事情を説明する。

「悪いな。代打はキャプテンと代わってくれんか。どうしても、もう1点取らないかんとこやで、バントやらせたいんだわ」

すでに準備万端の藤嶋。表情を曇らせるだろうと思ったが、正反対の反応が返ってきた。

「何言ってんですか。試合に勝つことが一番ですよ」

結局、入江がセンターフライに倒れ、藤嶋がそのまま打席に立ったが、大藤コーチにはその気持ちがうれしかった。

「あの子に名古屋じゃスーパースターですよ。それが道具は運ぶわ、裏方になっていい声を出すわですから」

予選リーグのインドネシア戦では投手として先発。かなりの力の差があったために35対0の5回コールドと一方的な展開になったが、文句も言わずに最後まで投げ抜き完全試合を達成した。

「『今日はお前ら休んどけ。その代わり、明日の中国戦は頼むぞ』とか言いながらやってくれた。そういう思いを持ってましたね。それで僕も途中で、『このままパーフェクトやったら、回らん寿司を名古屋で死ぬほど食わしたる』なんて言って（笑）。一人そういう人間がおるだけで、組織って変わりますよね。控えに回った子にこういう思いを持った子が出てきて、そういう子をありがたいと思って練習をやる人間が出てきたら、今までとは違ったいいところがたくさん出てくると思いますね」

レギュラーが当たり前に打撃練習をできるのは、控えの選手たちが投げてくれるから。マシンに球を入れてくれるから。ボールを拾ってくれるから。それに気づき、ありがたいと思えるかどうか。そんな気持ちを持つだけで、一球の重みが変わってくる。無駄にしないように考え、工夫するから、同じ一球がそれまで以上の価値を持つことになる。

「みんな手伝ってくれてありがたいなという気持ちがあれば、うまくいくときも、いかんときも努力することが大事だとわかる。控えの選手たちに対して、レギュラーが違った立場で支えてやることが大事だということがわかってくると、一体感、連帯感が出てくる気がしますね。練習のときから思いやりの心を持ってやる。声でも、自分を励ます声、周りへの指示の声、いろんな声があると思いますけど、仲間を元気づけたり、勇気づけたりする、思いやりが言葉になって出てくると野球は変わってくると思いますね」

藤嶋のような資質は、持って生まれたものかもしれない。だが、それを「持って生まれたもの」として片づけ、身につけるのをあきらめるか。何とかして気づかせ、少しでも仲間を思いやる気持ちを持つ人間に育てようと思うか。そんな指導者の姿勢、心意気の差が最終的にはチーム力となって表れる。どんなに好素材を集めても勝てるわけではない。チームの一体感。これこそが、目に見えない大きな力を引き出す、最大の原動力になるのだ。

激戦区を勝ち抜くためには、
特別なことではなく
シンプルなことをやることにこそ、
答えはある。

第2章

高橋源一郎

中京大中京監督

高橋源一郎 たかはしげんいちろう

1979年10月2日、愛知県生まれ。中京大中京—中京大。高校時代は主将・遊撃手として97年センバツで準優勝。大学卒業後、三重中京大や三重高のコーチを経て09年に中京大中京のコーチに。10年8月に監督に就任。15年夏に甲子園出場。保健体育科教諭。

まさかの敗戦から学んだこと

まさかの敗戦、だった。

高橋源一郎監督が中京大中京の監督に就任し、1年目の2011年7月25日。初めて迎えた夏の大会は、2戦目の4回戦で敗退した。3年連続出場を狙った2年前の夏の甲子園優勝校が敗れる番狂わせは全国に報じられたが、大きなニュースになった原因は早期敗退だったからだけではない。敗れた相手にもあった。その相手とは、時習館。愛知県トップクラスの公立進学校だ。

負けた原因はいくつかある。ひとつめは、天候。その日は朝から激しい雨が降っていた。野球をやるには厳しい状況だったが、愛知県は参加校数が多く日程が詰まっているため試合を強行。瑞穂球場の2試合目だった中京大中京は、球場入りしてから試合開始まで4時間以上も待たされた。

「前の試合の東邦対中部大一の試合は3度中断してるんです。球場に着いたときはどしゃぶり。(前の試合が)中断と再開を繰り返してる状況で、他の球場では中止になった試合もある。『これ、ホントにやるの？』という感じでした」

バスで待機したり、アップして休んだりを繰り返しながら試合開始を迎えた。大雨で雷も鳴る中での試合だったが、中京は2回裏、3回裏に1点ずつ得点し2対0とリード。ところが、4回表に2点を奪われて同点にされてからは無得点が続いた。同点のまま迎えた8回表。中京は走者二塁からのサードゴロを悪送球して勝ち越し点を献上。その後も得点できず、2対3で敗れた。試合後、中京のキャプテン・藤浪大輔は「オン、オフの切り替えができなかった。集中力がもたなかった」とこぼした。

2つめは、7安打に8四死球をもらいながら、13残塁の拙攻に終わったこと。5回から登板した時習館の左腕・前田泰希に0点に抑えられた。160センチと小柄な前田が投げるストレートは110キロ台。さらに緩い100キロに満たない変化球との〝遅球〟に長打はゼロに終わった。ヘロヘロ左腕にハマるという、強豪が弱者に負ける典型的なパターン（詳細は拙著『高校野球　弱者の戦法』日刊スポーツ出版社を参照）だった。

「チャンスはあるけど、1本が出ない。（いい当たりが）カーンと上がって、好プレーでフェンスぎりぎりで捕って相手はワーッと盛り上がって、こっちはフラストレーションが溜まっていく。『また点が入らないのか』となってきたら、終盤焦りますから。最悪なゲームですよ」

3つめは、球場の雰囲気。ブラスバンドを含む大勢の生徒が応援に駆けつけた時習館に対し、中京の応援は野球部員のみ。一般の観客も、判官びいきで時習館に肩入れした。

「向こうはヒットを打ったり、アウトを取ったりで『うわー』ですよ。どうせ負けると思っていて、最後の試合だからみんなで応援しようという感じですよね。逆にウチは生徒は来てないですし、ブラバンもチアも何もないですすよね。シーンとしてました」

結果的には、この雰囲気がエラーでの失点につながった。

「ボールが滑ったとかはありますけど、メンタルが弱いですよね。公立とやるときは、向こうからすれば負けて当然なので、受けたらダメですよね」

名門校がベスト16にすら入れない。1年目で試練を味わった高橋監督が、この試合から得た教訓は多かった。まずは、「ホントに試合やるの？」と思ってしまったこと。指揮官がそう思っていれば、選手にも伝わるもの。選手たちの心の準備が整わなかったのは必然だった。

「何となく、『試合をやるのか？　やらんのか？』と思ったまま試合に入っちゃったというのが反省としてありますね。ベンチの横の部屋にいて、コーチに『アップ終わりました』とか状況を聞きながらやってたんですけど、タイミングを見て選手を集めてスイッチを入れる必要があったなと。今に活きてるといえば、やっぱり準備ですよね。ずっと緊張しとらんでもいいんですけど、あるタイミングでバチッとスイッチを入れたりして（気持ちを試合に）もっていかないと。特に天候が悪かったり、条件が悪かったりするときほど、力の差がひっくり返りやすいですもんね。逆にいえば、ちゃんとしているチームなら状況が悪いときほどちゃんとやれると思います」

悪天候や悪条件でも不安にならないためには経験が必要だ。この試合の直接の敗因はエラー。そのため、これ以降は雨の日でもグラウンドで練習する日をつくるようにした。

「（大会が近づいた）6月なんかは、毎回じゃないですけど、雨でも『今日は無理してやろうか』と。グラウンドに水が浮き始めてケガが心配なときでも、『あのときはこれぐらい降ってた。これぐらいならやる。こういうこともあるんだぞ』と話をして、ノックをやったり、ピッチングをさせたりしますね」

また、打撃練習も工夫するようになった。この試合のあとに藤浪が「速い球の練習はしてたんですけど」と準備不足を明かしている。そうならないための工夫だ。

「冬なんかは、緩いボールを打つ練習をずっとやってます。アンダースローで投げさせたり、いろんなことをやるようにしてます」

さらに、夏の大会前には瑞穂球場を複数回借りて練習するようにもなった。

「広い球場での練習が圧倒的に足りてないなと。やっぱり広い球場だとバッティングも力が入りますよね。下が濡れてるので、低い当たりを打てばエラーも出ます。広いのに強振したって、球速は110キロぐらいなので飛ばないですよね」

学校グラウンドは長方形のうえに女子軟式野球部などと共用。両翼99・1メートル、センター122メートルの瑞穂球場とは広さも気持ちもまったく異なる。愛知には両翼99・

1メートル、センター126メートルという全国屈指の広さを誇る岡崎市民球場もあり、打撃はもちろん守備の中継プレーなどの準備をする意味でも、広い球場に慣れておくことは必須になる。たとえどんなに些細なことでも、高校生にとっては経験の有無、準備をしたかどうかという事実が本番では大いに役立つのだ。

キャプテンの決め方

1年目に大いに学んだことはもうひとつある。

それは、キャプテンの決め方だ。時習館に負けたあと、キャプテンの藤浪は「オンとオフの切り替えができなかった」「集中力がもたなかった」「速い球の練習はしてたんですけど」とコメントした。言い方は厳しいが、これらはすべて〝言い訳〟。弱いチームの選手が言うのならわかるが、愛知で2連覇していたチームのキャプテンが第三者の前で言うべきことではない。

「負けて言い訳するなって話ですよね。キャプテンがこんなこと言っとったら勝てないよなと思いましたね」

なぜ、藤浪がこんなコメントをしたのか。それは、高橋監督との関係も原因があった。

藤浪は甲子園に春夏連続出場した前年のチームからのレギュラー。2年夏の大会はひざの状態がよくなかったが、大藤敏行前監督が無理して起用していた。ひざのこともあり、大藤前監督は「全力疾走をしなくてもよい」と許可を出していたが、高橋監督に代わり、ひざが治ったあとも藤浪は全力疾走しない場面がしばしばあった。

「5月ぐらいに『全力で走れ』と怒ったら、ふてくされて、『僕は大藤先生とやりたかった』と言ったんです。僕も『だったらやめろ』と言っちゃったので、(関係が)ぐしゃぐしゃになったんですよね。中学生にとって、やっぱり声をかけられた人というのは大きい。『この人がいるから、この高校に行く』という感じですから。ましてや前の年に春夏甲子園に行っていて、監督と選手の関係ができてる中で、若くて未経験のヤツが代わって入っていくのは難しいものがありますよね」

09年の春から4季連続出場している最中に、学校の方針で大藤前監督から高橋監督にバトンタッチ。選手たちに「なぜこのタイミングで?」という思いがあったことは想像に難くない。甲子園優勝経験のある大藤監督から、監督未経験の31歳の高橋監督へ。短期間で理解し合うのは困難だった。監督と主将の間に信頼関係がないどころか、お互いによい感情を持っていない状態。これではチームがよくなるはずがない。

では、なぜ就任第一号のキャプテンに藤浪を選んだのか。それは、よくある「旧チームからレギュラーで、経験が一番あるから」という理由だった。

「僕に見る目がないんですよね。じゃあ他に誰がいいかといったら、いないんですけど。キャプテンが決まったあとも、元トヨタ自動車監督の片山（正之）コーチに『お前、あいつでいいのか？』と何回か聞かれたんです。あとから、『そういう心配があったから聞いたんだ』と言われましたけど。下級生のときからキャプテン候補みたいな存在で、それに乗っかった。他の選手にキャプテンをやらせる信頼関係をつくってなかったので、まぁ流れに乗っただけですよね。キャプテンぽいというか、そういう立ち位置にいるヤツにしただけなんです。このことがあって、やっぱりキャプテンは大事だなと思わされましたね」

この経験が活きたのが15年のチーム。キャプテンを野手ではなく、負担が大きいのを承知でエースの上野翔太郎にした。下級生時にこの学年のリーダー格、キャプテン的存在だったのはセカンドの加藤大騎だったが、その流れを変えて指名したのだ。

「下級生のときから、みんなにキャプテンぽいという目で見られてるからという流れじゃなくて、2年になったときの段階で、自分が『こいつだ』と思う子がいれば、そうなるように仕向けていかないといけない。子供たちの中では『こいつがキャプテンだろう』というのがあっても、違うと思えば別の子にシフトチェンジしていくのがこっちの仕事。新チームになったときに、こちらがこいつだという子を据えないとチームはダメになる。上野のときは迷いなし。（2年生の）4月ぐらいから上野と決めてました。だから、何かあれば下級生は上野に言うようにしてましたね」

なぜ、上野だったのか。それはこんな理由だった。

「加藤は『これだけ食べよう』と決められた食事の量を食べられないとか、こいつじゃまとめきれないなという弱さを感じてました。上野は陰のボスという感じ。あとあと聞いたら、加藤は何となくキャプテンの係という感じでやってただけだと。僕らの見方が間違ってることもありますよね」

中学時代にキャプテンだったから、旧チームからレギュラーだったから、経験があるからといった理由で何となくキャプテンが決まる場合があるが、はたしてそれが正解なのかどうか。本当にリーダーシップがあるか、周りの選手に指示ができるか、影響力があるかなどしっかり見極めることが大切だ。結果的にこのチームが、高橋監督になって初めての甲子園出場を果たすことになるが、愛知大会決勝後のインタビューで高橋監督はこんなことを言っていた。「上野と心中するつもりでした」。こいつで負けたら仕方がない——そう思えるぐらい、信頼できる選手をキャプテンに選ぶべきなのだ。

選手の気持ちを汲んで行う選手起用と采配

「苦しかった。きつかったですね」

高橋監督が時習館戦よりもショックな敗戦と言うのが、14年夏の愛知大会準決勝・栄徳戦。0対6で敗れた試合だ。

「ようやく自分が3年間見てきた選手になって、そこそこのチームになった。栄徳には春は10対0で勝ってるんです。そのときと同じピッチャーが出てきた。ところが、春より（投手としての）レベルも気持ちも違ってました」

4安打に抑えられて完封負け。だが、打てなかったこと以上に失点の仕方に後悔が残った。先発に指名したエースナンバーの3年生・粕谷太基が、3回にスクイズの処理を焦って尻もち。さらに4回にも、送りバントの処理でボールを蹴飛ばしてしまうなど大誤算。この回に継投したものの、ファーストゴロで今度は一塁手の伊藤寛士から二塁への送球が、一塁走者の後頭部に当たる悪送球になるなど、一挙5失点して万事休した。

試合後、3年生にこんなことを言われた。

「先生、なんで上野じゃなかったんですか?」

上野とは、翌15年にキャプテンとして甲子園に出場し、U-18日本代表のエース格として活躍した2年生右腕・上野翔太郎。高橋監督は当然、その実力を認めていたが、先発を回避したのには理由があった。

「1番をつけた粕谷を、そこまであまり投げさせてなかったんですよね。上野に1番をつけさせればよかったのかもしれないですけど、高校野球って3年生に期待する部分も大きいじゃないですか。それと準々決勝、準決勝、決勝が3日連続の3連戦だったんです。上野が軸だけど、3連投はきつい。エースナンバーをつけさせたこともあって、準決勝は粕谷だと。選手たちに何の相談もせず、マウンドに上げたんですね。あとから聞くと、粕谷は同級生の信頼がなかった。僕はやってくれるだろうと思っていたけど、キャプテンはじめ大多数が『上野でしょ』と思ってる。やっぱり、不安がある中で戦うのはダメですよね」

6回からマウンドに上がった上野が無失点でピシャリと抑えたことで、3年生はなおさらそう思う気持ちが強くなったのだろう。あとから上野が「3連投でもいけました」と言ったことも高橋監督の後悔を倍増させた。

「子供たちの中で、一番信頼できるピッチャーは決まってるんですよね。勝負に関して、僕がこうだと思っていても、選手たちは違う。甘く考えて粕谷を出したわけじゃないんですけど、選手が納得する選択をしたらよかった。選手たちの考えとか、思っとることも聞きながらやっていかないといかんなと」

同じようなことは翌春の愛知大会でもあった。準決勝の至学館戦。先発をエースの上野ではなく、2年生の初祖晋太郎でいった結果、四球などで失点し2回で3失点。結局、2対5で敗れた。

「当日の朝に先発を伝えたんです。期待してる2年生だし、前日から先発だと言うと緊張したりするので、当日まで溜めとってパッと言った。僕からしたら、春の大会だからある程度負けられるというのがあった。でも、勝てていないチームからしたら、春でも勝ちたい、ベストメンバーでいきたいというのがあったんですよね」

ファーストの矢田崎明土は、監督に提出する野球ノートに「あいつを先発させたから負けたんだ」と書いてきた。他にも「ベストの選択をしてほしかった」という3年生に対し、「下級生が投げてるんだから、何とかしてやるのが上級生じゃねーか。ピッチャーがどうだとか、上野が途中から出たとかいっしょじゃねーか。上級生が言い訳なんて情けない。3年生の責任だ」と言った高橋監督だったが、二度続けて同じ失敗をしたことでやり方を改めた。自分の考え、プランをあらかじめ伝えるようにしたのだ。相手打線との相性を考え、夏の大会前には、東邦には上野、愛工大名電には2年生左腕の長谷部銀次でいくと何度も話した。練習試合でも仮想の相手にシミュレーションをして、選手たちと意見のすり合わせをした。また、選手にも意見を聞くようにした。

その結果が出たのが、夏の愛知大会決勝の愛工大名電戦だった。先発はエース・上野ではなく、長谷部を起用。長谷部は初回に3ランを浴びると、2回にも連打を許してノックアウトされた。これまでなら負けパターンだったが、以前の大会とは背景が異なった。選手たちに「なんで先発が上野じゃないの?」という疑問がなかったからだ。上野は秋春ともに名電戦に投げて敗戦。さらに、大会開幕直前の7月17日には腰痛を訴え、4日間練習すらできない状態だった。

「名電には長谷部だとずっとミーティングで言ってたので、選手たちも『長谷部でいくんだろうな』と思っていたと思います。キャッチャーの伊藤寛士に聞いても、『絶対長谷部ですよ。上野じゃ1試合もたないと思います』と言いましたし。今までなら選手に言わないで、長谷部か上野でいって、『3年が何とかせえよ』と言ったかもしれないですけど、みんなが『この形で戦うんだ』となっていた。そうなると選手も肚が決まるんだと思います。自分が思ってることと、選手が思ってることのギャップを練習試合、大会を通じて埋めていけた。一方通行だったのが、そういう会話ができるようになったことで、ある程度、選手たちの気持ちを汲んで、采配とか選手起用ができるようになった。ちょっと距離が近くなったと思います」

監督と選手の考えが一致し、気持ちがひとつになるからこそいい結果が出る。たとえ若くて、選手と年齢が近くてもコミュニケーションは必要。一方通行ではなく、何度も会話を重ね、お互いを理解し合うこと。「監督、やっぱりこいつが先発ですか」、「やっぱりこの場面はバントですよね」、そうやって考えがバチッと合うようになったとき、はじめて持っている力をフルに発揮することができる。

監督と選手の理想的な関係

監督には、カラーがある。

やっている本人が苦しくない、自然体の姿。それを本人が自覚していないことは意外と多い。高橋監督もそうだった。

「中学時代の恩師である長谷川大三先生に『お前らしい野球ができてないぞ』と言われるんです。大藤先生にも『お前の色は何色だ?』と聞かれたことがあるんですけど、それが何かわからんのですよ。ひょっとしたら、僕が監督ってこうあるべきだというのを思いすぎちゃって、人から見る僕のよさを出せてないのかなと」

全国最多の日本一11度を誇る名門・中京大中京の監督。まだ30代の高橋監督だが、選手たちとの関係も含め、それなりにふるまわないといけないという思いがあった。だが、それは本来の姿ではない。現役時代は、力のないチームをセンバツ準優勝に導いた求心力のあるキャプテン。自ら声を出し、明るい雰囲気をつくっていくのに長けていた。監督になったとはいえ、選手といっしょになって自分自身も声を出し、ベンチのムードをつくっていくのが合っているように見える。

監督と選手の一体感――。

これが、感じられたのが15年夏だった。就任5年目で初めて愛知大会決勝に進んだ高橋監督。甲子園を目前にして、緊張で硬くなっていた。シートノックが終わってベンチに戻ると、ベンチ裏の通路に引っ込んだ。表向きの理由は「日陰で涼しいから涼んでいた」。だが、選手たちは本当の理由に気づいていた。

「3分ぐらい離れてたら、ベンチがざわついとるんです。伊藤がしゃべっとるので、『なんだ、お前?』と言ったら、『先生、硬いです』って言うんです(笑)。相当力は入ってたし、自分でも硬いのがわかっとるんで、選手たちにそれがわかっちゃうと思って逃げたんですけど、それでもバレとるんですよ。捨てゼリフで、『お前らの人生預かっとるでな。硬なるわ』と言ったら、ドカンと沸いたんです。『そういうことが言えたのがよかったんですかね』ってあとから部長に言われたんですけど。そうやってある程度会話できることが、自分にとっても選手にとってもいいのかなと」

選手から監督に〝ツッコミ〟が入るのは、関係ができているからこそ。

「1年生からそうでは困りますけど、3年生の最後の合宿を乗り越えて、『お前らとやってきた』という段階になって、距離が縮まってそういう会話ができるようになったのがよかった。監督と選手なんで近すぎてなめられるのはよくないですけど、最終的には、僕の言ったことを感じられて、あいつらの言ったことを僕が感じられる、そういうお互いに信頼感があって、かつ一線は崩さないというスタンスができれば一番いいですよね」

結果的には、いい関係になった選手たちが初の甲子園をもたらしてくれた。先発がKOされながら、7回に逆転して4対3での勝利だった。

「途中からサードに守備固めを入れて、打つ手も打った。あとは『3年生頼むぞ』と見守るしかなかった。通常なら終盤は硬くなりますよね。だけど、そこで『任せたぞ』と思えたことが、選手が力を発揮できたことにつながってると思います」

試合が終わってから、「実はこう思ってました」と言われても遅い。試合前や試合中に、いかに本音を言える状況をつくるか。それができる関係を築けるか。そのために、高橋監督が心がけているのが選手の変化を感じること。同じことを同じ選手に言うのでも、選手のそのときの状態によって相手の受け取り方や伝わり度は変わってくる。

「全体ミーティングでバンと言うと心を閉ざしますもんね。練習の最中とか、終わってからとか、ちょっと呼んで、『オレはこう思うんだよな』なんて言うと、意外と選手は本音をしゃべります。それと、やるようにしているのが、選手の顔色を見ること。早く行って、どんな顔つきをしてグラウンドに降りてくるのかを見る。それによって自分なりに変化を察しようと思ってですね。僕自身にも波がありますけど、選手たちにもあるんで。気遣いじゃないですけど、顔つきを見て、その子に響くように声かけをしていかないと。やっぱり人間ですから。以前はタイミングも考えずに、自分の浮き沈みで言ってました。選手にも浮き沈みがありますからね。それを感じようと思わなかったのか、感じようとする余裕がなかったのか……。フッとバカ言ったときのほうが選手たちの顔がいいんですよね。叱った口調で言ったところで、受け入れられんと仕方ないですから」

監督だからといって、偉ぶる必要はない。怒るのが目的ではなく、伝えるのが目的。そのためには、自然体が一番。自分のカラーでできるようになったとき、はじめて選手とも楽に接することができる。そして、そうなったときに距離も縮まるのだ。

監督と選手の関係で理想的といえるのは、選手から監督に対して意見が言える状態。試合でいえば、監督がサインを出すばかりではなく、選手から監督に「この場面ではこういうことができますよ」と采配にリクエストを出すことができる状態だ。実は15年の夏の甲子園で、まさに理想通りのことがあった。

2回戦の鹿児島実戦。1対1で迎えた6回1死一塁の場面で、一塁走者の伊藤がベンチにサインを送ってきた。

「走れます。盗塁のサインを出してください」

173センチ、87キロの巨体。誰も盗塁を予想していない。確実に決める自信があった。その合図を見逃さなかった高橋監督。「アイコンタクトしてくるんです。それまでは（リクエストをしてもいいと）言ってもやれなかった」。意表を突いた盗塁は見事に成功。伊藤にとって公式戦初盗塁だった。これで流れをつかんだ中京はこの回3得点。7対3で勝利した。ベンチにいる監督にはわからない、グラウンド上の選手にしかわからない感覚は絶対にある。その選手の感性を信じて、任せられるかどうか。信頼があるからこそ結果が出るのだ。

日々の練習で大事にしていること

中京大中京グラウンドのネット裏には〝百勝達成記念碑〟がある。甲子園で史上最多の133勝を挙げている超名門校が、日々の練習で大事にしていることは何だろうか。

【投手】

36メートルのキャッチボールをする。短くもなく、遠くもない。バッテリー間の約2倍の距離が中京大中京のセオリーだ。投げるボールは山なりではなく、ライナー。シュート回転せず、真っ直ぐいくのが理想だ。

「中距離をライナーで投げることによって投げる力をつけるのが目的です。そのボールがどれだけ強くなるかは（成長をはかる）バロメーターになります」

シーズン中もやるが、特に力を入れてやるのは秋から冬にかけて。冬場は投手の36メートルキャッチボールをどの練習よりも最優先。練習の最初にもってきて、30分ぐらいかけてやるようにしている。

「これをやるようになって、140キロぐらい投げられるようになってきました」

継続することで確実に球速は上がる。だが、中京大中京にはスピードガンがない。

「数年前に壊れたんです。修理するにも20数万かかると言われて、今村部長と『その価値はあるか?』と話した結果、『スピードなんてどうでもいいよ。意識しだしたらそっちに気持ちがいっちゃうから、なくてもいいんじゃない』となりました」

スピードはあくまで結果。やるべきことをきっちりやっていれば、自然と上がってくるものなのだ。

【打撃】

打撃練習を行う際には、バッティングケージの後ろにもうひとつ打席をつくる。順番待ちの選手が無駄な時間を過ごさないためだ。バッティングはタイミングが命。投手のモーションに全球タイミングを合わせることで、実際に打席に立ったときの準備をしていく。

「ウチは甘いボールは全部振っていけというスタイル。球種に張ってとかはあまりしないので、甘いボールを逃したら勝負にならんだろうというのがチームの方針なんです。だから、打席に入る以前から振れる準備をしておかないと、1球目から振れと言っても振れないので。これだけは絶対やれと言っています」

もちろん、試合ではネクストバッターズサークルがこの準備をする場となる。

「ベンチでも言いますけど、ネクストに入るのが遅いヤツがいまだにいます。これは、口酸っぱく言っていくしかないですね」

練習の最後はスイング（素振り）をして終わる。

「時間がなくても、最低100本は入れます。裏を返せば、家に帰ってからやらんでいいぐらい、100本でも200本でも集中してやってくれという気持ちですね。コースを決めて振ったり、マネージャーが6秒に1回笛を吹いて振ったり。自分たちでフリーにさせることもあります。1、2年には『ああやれ、こうやれ』と言いますけど、3年の主力には

あまり言わないですね」

スイングをするときには、試合を想定するため、必ずホームベースを置いてやるのが中京流。これは、高橋監督が国学院大の練習を見て取り入れたものだ。

「ベースを置いてやってはいても、仮に打席のラインがあったとすればラインを踏んでいるヤツもいます。そこは見逃しちゃいけない。何のためにベースを置いとるのかを意識してないヤツには、こっちが気づいてやらんと。何を見るかといったら、スイングよりもそういうことですよね」

立ち位置を意識して、コース別に振る。これが試合につながるからだ。ただ振っているだけでは効果半減。せっかくやるなら、意識を高く、試合につながる練習にする。そのために、指導者は細かい部分に目を光らせることが必要だ。


【守備】


練習が始まる前、グラウンドに降りて来たら自分のポジションを確認する。

「アップに入る前に自分のポジションに行ってグラウンドを見て、土の状態や具合を見る。それをノックで確かめろと。特に内野手にはやらせてますね。それは試合会場に行っても同じ。習慣になってることですから」

同じグラウンドでも、天候や整備の仕方によって日々状態は変わる。晴れの日が続いて硬いのか、雨が降って柔らかいのか。それによってゴロの跳ね方も変わる。もちろん、石が落ちていたり、でこぼこがあったりすればイレギュラーの原因になる。技術以外の部分でミスをなくすため、毎日ＪＫ（準備と確認）を欠かさないのだ。

野手は40メートルのキャッチボールをやる。

「ただそこへ投げるんじゃない。自分のプレーをイメージしていない、目的を持って投げていない子は注意しますね。20メートルの距離なら、内野手は捕ってから早く投げるとか。ただ肩慣らしではなくて、実戦をイメージしながらやること。受け手は『ここに放れ』という的をつくってやること。投げるだけの練習であれば、ネットに向かって一人でできるんですね。二人でやること、共同作業なんで、捕る側も『こう投げろ』という意識を持たせてやれというのは言います」

40メートルでやるのは、それが野手が責任を持って投げる最低限の距離だから。中継でも一人40メートルをしっかり投げることができれば、きっちりホームへつなぐことができる。

「毎日やることなんで意識を持たせんと、選手たちもなあなあになってきますから」

これは基本的には20分程度の時間をかけて行うが、ときにはあえて時間を半分にすることもある。

「甲子園とか、時間がとれないところもあるので、臨機応変にやります。時間をかけるときもダラダラにならないように。格好だけではなく意識、イメージを持ってやることで質、レベルを上げるのが目的です」

［コンディショニング］

中京（中京商）、三重を率いて甲子園通算33勝、全国優勝3度を誇る深谷弘次元監督から高橋監督が授かった〝金言〟がある。

「夏の大会の初戦2週間前に体重のピークを持ってこい。そこから体重が1グラムでも落ちるようでは、夏は勝てないぞ」

暑い夏にはどうしても食欲が落ちる。水分を摂るだけでは体重は減る。体重が減っては力が出ない。04年夏に北海道勢として初の優勝を果たし、翌05年夏も制して57年ぶりの夏2連覇を達成した駒大苫小牧の暑さ対策も「食べて体重を落とさないこと」だった。猛暑が続く近年はなおさら体重維持の重要性が増している。トレーニングと食事でせっかくいい身体をつくっても、いざ大会で力を発揮できなければ何もならない。

夏の大会中、必ずやるのが点滴だ。愛知黎明の田中宏毅監督のアドバイスで、14年夏から始めた。試合が終わると、その日のうちに必ず点滴をする。

「負けた栄徳戦のときにミスをしてるんです。準決勝の前に試合がなくてやらなかったんですよ（笑）。そしたら、『身体が重くて、言うことを聞きませんでした』なんて言うヤツがいた。やったら、最後までやらなくちゃいけないですね」

この反省を活かし、翌15年は欠かさずやった。

「試合が終わったらすぐにやります。2日あくときは1日おいて、試合前日にやる。身体に水分が入るので回復が早くなるんです。自分たちの中で『点滴をしたんだ』という安心感も出てきますね」

身体の回復だけでなく、精神的なお守りとしての要素もある。高校生にとって、おまじない効果は抜群。これで「疲れない」「明日も大丈夫」と思ってくれるならやる価値は十分だ。

【1年生合宿】

17年から始めたのが、1年生だけで行う2泊3日の合宿。入学してすぐ、始業式が終わった午後に出発して南知多の美浜で行う。今は親も先生も怒らない時代。昔と比べて、いろんなことが緩くなっている。座禅を組んだり、ランニングをしたりして3日間で基本となる礼儀、あいさつ、集団生活を学ぶ。

「いろんな中学から入ってきて、それぞれいろんなことを教わってきているので、まずはそれをリセットする。真っ白な状態にさせて、『中京大中京はこうやってやるんだぞ』というのを示します。それと1年生30数名、このメンバーでやるんだぞという意識を持たせる狙いもありますね」

寮のない中京大中京だからこそ、はじめに教えることが肝心だ。何も染まっていない入学時からやっておけば、それが習慣になる。今後、恒例にする予定だ。

名門校、強豪校は特別な練習をしていると思っている指導者は多いが、実はそうではない。同じメニューでも、どれだけの意味を持たせ、意識を高くやれるかどうか。簡単なようで、しっかりやるのは難しい。それを継続するのはもっと難しい。基本練習をいかに惰性にならず、丁寧にやれるか。激戦区を勝ち抜くために、特別なことをやるべきかといったらそうではない。シンプルなことにこそ、答えはある。

毎年、毎年が勝負。
3年計画とか2年計画とかではなく、
戦力がなくても
その年に全力を傾ける。

第3章

阪口慶三

東邦前監督・大垣日大監督

阪口慶三　さかぐち・けいぞう

1944年5月4日、愛知県生まれ。東邦—愛知大。67年に東邦の監督に就任し、甲子園には春13回、夏11回出場。77年夏、88年春は準優勝、89年春は優勝を果たした。05年から大垣日大の監督となり、春3回、夏3回の甲子園出場。07年春準優勝。

監督が責任を取るのが阪口野球

何度、見てきたことだろう。

たったひとつのサインで、たった1点で、選手の動きが見違えるように変わる。

「先生が1点取ってあげたよ。あとはいつも通りやりなさい」

阪口慶三監督の采配には、そんなメッセージが込められている。過酷なトーナメントを勝ち抜くために、監督の采配は欠かせない。

阪口監督がどうしても1点が欲しいときに用いるのは、スクイズだ。

サインが出るのは、先制点を取りにいくとき、格下相手に打線が沈黙しているときなどが多い。いずれも選手たちが硬くなっていて、いつもの力を発揮できていないときだ。

「子供たちというのはね、対戦相手によってね、勝てる、負けるというのを僕が言わんでも計算しちゃうんだよね。そこに思わぬ落とし穴があって、番狂わせが起こる。東邦のときも、それをものすごく注意してました。『同じ高校生がやるんだよ。勝ったほうが強いんだよ。やる前から勝てるということは絶対ありえないんだよ』と。そう言っても、子供たちは計算してる。それが大苦戦を強いられる原因になるわけだ。一旦、線路を外れて脱線した電車はね、線路の上に乗せることが大変難しい」

そこで怒ると選手たちは萎縮してしまう。だから、ベンチでは肩の力を抜かせるために「苦しい練習を思い出せ。お前たちはやれるんだ」と励ましたり、オーバーアクションや派手なパフォーマンスで笑わせたりする。だが、何よりも緊張を解くのに有効なのはスコアボードに「1」を灯すことだ。

「僕の野球は一番から九番まで、三番打者、四番打者じゃなくて、三番目、四番目という感じ。ランナーが三塁に来たら、4点まではスクイズでもらう。スクイズというのは、自分の野球の中では最高の積極的な攻撃。外されたら無残だけど、バットが届くところに投げてきたら必ずバントでもらう。やれば必ず1点につながるわけですから、スクイズはものすごく重要視してやりましたね。監督になって51年たつけど、バントの重要性は今もいっしょです。バントだけで2～3時間練習をやるときもありますね」

見逃せないのは、絶対にセーフティースクイズは使わないということ。必ず三塁走者がスタートする「ディス・ボール」のスクイズを仕掛ける。選手の判断にゆだねるのではなく、監督が責任を取る。それが阪口野球だ。

「度胸いるんだよ。外されたら、三塁ランナーが死んでしまうわけですからね。外されたときのつらさといったらない。選手に申し訳ないなという気持ちになりますよ。でも、勝つためには絶対必要。外されないタイミングをよく研究しましたね」

サインを出すにあたっては、相手ベンチとバッテリーを観察する。そのうえで、ボールカウントを考えて決める。

「全部外されたらフォアボールになる。必ずストライクを投げてこないといかんわけですから。そこを選べばいいわけ。ものすごく冷静にやりますよ。選手権では、外されたという記憶はないな」

阪口采配で仰天したのは、準優勝した88年センバツの津久見戦。0対2で迎えた5回表、1点を返し、なおも1死三塁の場面で二番・石塚慎吾にカウント3－0からスクイズを命じたのだ。マウンドに立っていたのは剛腕・川崎憲次郎（元ヤクルト）。「試合前のブルペンを見て、これは打てんわと思った」。好投手相手にチャンスは多くない。取れるときに確実に取る。追いつけるときは、必ず追いつく。そんな気持ちが表れている采配だ。阪口監督の期待に応え、石塚は落ち着いて決めた。それにしても、3－0からのスクイズなど見たことがない。

「僕はときどきやりますけどね。外しようがないからね」

近年こそ打つケースがあるが、当時は3－0からは一球見送るのが常識。打者が打たないとわかっているから、投手はスピードを落として置きにくる。そこを狙ったのだ。

「そこまでじっと待っとる気持ちもつらいですよ。追い込まれたらどうしようもない。向こうも絶対にスクイズだと思ってる場面。スクイズだろうと思うところを我慢するのは難しい」

その裏に1点を勝ち越されるが、6回表は1死一、三塁から再びスクイズで同点に追いつく（記録は一塁内野安打）。すると、そこからは解放。安打で満塁としたあと、山田喜久夫（元中日）の三塁打などでこの回一気に5点を奪い川崎を沈めた。

厳しい場面での1点。それも、監督が勝負して取ってあげた1点。これがベンチの雰囲気も、相手のリズムも、試合の流れも変える。

「高校野球というのはね、チャンス、ピンチ、どちらも選手は監督を見るんだよ。ピンチのときは『どうしたらいいですか？』ってグラウンドから僕を拝むように見ますわね。チャンスになれば、全員が僕の一挙手一投足を見るわけ。采配ひとつで勝つにも負けるにも流れが変わっちゃいますからね。高校野球は監督の采配がものすごく大きい」

選手たちが自分で考えてプレーできるのが理想だ。だが、そこは高校生。経験も観察力も決断力も不足している。それならば、監督が思い切って動かすしかない。勝敗の責任は大人が取ればいいのだ。

子供とともに練習に励んだ監督の考えこそがセオリー

印象に残る阪口采配はいくつもある。

89年のセンバツ2回戦・報徳学園戦。0対0で迎えた7回裏、無死から投手の山田が四球で出塁する。次打者への初球だった。一塁走者の山田がスタートしたのだ。誰もが送りバントを予想する場面での盗塁。報徳バッテリーの意表を突き、まんまと成功した。次打者は四球、さらに送りバントが内野安打になるなど相手は完全に動揺。無死満塁から安井総一の犠牲フライ、山中竜美の2点タイムリーで一気に3点。3対0で勝利を収めた。

試合後、阪口監督自ら「あそこで失敗してたら、みなさんの批判を浴びたでしょう」と言った采配。なぜ、仕掛けたのか。

「ここで言わないかんのはね、『セオリーとは何だ?』ということですよ。誰もがバントと言う。でも、それがセオリーではないと僕は思うわけ。1日もグラウンドをあけずに、子供とともに練習に励んだ監督の考えこそがセオリー。これはいまだに変わってない。山田に盗塁させたのは、意表を突いたということになるけれど、僕はそれが1点を取るためのセオリーだと思った。これが成功したら、バントで送ってスクイズで点を取れるわけですから」

リスクは大きい。失敗すれば非難される。それでも、勝つためには勝負しなければいけない場面がある。

「少しも迷いはなかったよ。勝つためには盗塁しかないと思った。バントして1アウト二塁ではね……。ヒットの確率が高いか、盗塁成功の確率が高いか、天秤にかけたわけだね。僕は観衆とやらない。あくまでも自分の考えで采配する。だいたい甲子園となるとね、観衆とかテレビを意識するんですよ。だって、これ無謀だもん。ピッチャーに盗塁させれば、疲労もするし、ピッチングのリズムも狂うし。そう思ったらバントしかないよ。それを僕は盗塁させた」

甲子園のベンチは丸見えだ。隠れるところがない。すぐ後ろにいる観客からのヤジも聞こえるため、つい周りを気にしてしまう。だが、それでは勝てない。自分が信じたことをやる。それが指揮官というものだ。

「8対0のときもいっしょだよ」

阪口監督が言うのは大垣日大に移ったあとの14年夏、1回戦の藤代戦。1回表に大量8点を失いながら、12対10で勝った試合だ。

「じゃんじゃん盗塁をしていった。8点も取られて盗塁なんてないよ。打て、打てでしょ。でも、僕は盗塁でいった。何でかといったら、フォアボールが期待できないから。ピッチャーの投げ急ぎ、ピッチャーのフォームを崩すため、ピッチャーのタイミングを狂わすために強引に走らせたんです」

大量リードがあれば、相手の投手は余裕が出る。「2、3点取られても大丈夫」と思えば、細かいコントロールは気にせずのびのびと投げられる。それでは、四死球は期待できない。こちらが何か仕掛けなければ、相手のリズムは崩れない。1回に左腕・竹内悠から二盗、三盗をひとつずつ決めて4得点。4点リードされて迎えた7回裏にも右腕・山崎誠から二盗を決めて得点に結びつけている。

「その代わり、子供たちには前もって謝ったよ。『今から先生のやる野球は誰しもが笑うと思うよ。普通、8対0で走れなんてことはない。お前たちがアウトになったら、阪口は野球知らんぞと言われる。でも、勝つためにはこれしかない。これをしないとピッチャーのリズムは狂わん。大量点は取れない。大笑いされるのを承知で盗塁するんだからな』と。1回にベンチに戻ってきたときにそう言いました。勝つためには、自分の考えを信じてやるしかない」

勝つための最善策を考える。それが常識やセオリーから外れていても関係ない。何もやらずに、試合終了を待つだけでは、ベンチにいる意味がない。

これらの例からもわかるように、スクイズと同様に阪口野球で重視されるのが盗塁だ。その中でも、ここぞという場面で見せるのがダブルスチールだ。東邦では最後の夏の甲子園出場となった02年。愛知大会決勝の相手はキャプテン・嶋基宏（現楽天）の中京大中京だった。センバツに出場している中京に対し、東邦はノーシード。中京有利と言われていた。案の定、5回まで1対2とリードされる。だが、6回表だった。1死一、二塁のチャンスを迎えて、阪口監督は動いた。中京の左腕・中根慎一郎のモーションを「同じパターンの繰り返しで、クイックもない」と分析。勝負をかけた。二度けん制をされながらも、二塁走者の吉田隼人、一塁走者の岩間亮は動じない。完璧なスタートを切り、ダブルスチールを成功させた。1死二、三塁となり、七番・坂野竜一がレフト前に同点打。さらに投手の長峰健太もタイムリーを放って逆転した。7回表には無死二塁から三盗を決め、今度はスクイズ。4対2の勝利で下馬評を覆した。

「ダブルスチールも度胸がないとできない。競ったゲームで選手をどこで動かすか。結果を求めてバッターに頼ってたら、点にならんと思ってるから。盗塁が成功すれば勝てる、アウトになれば負ける。そう割り切ってしまう。結果を恐れて打たせてしまうのではなく、打てる確率と盗塁、または重盗のどちらが効果があるかを考える。そのために練習をやってきたんだから」

この言葉にうそはない。大垣日大に移ったあとの10年夏は、準決勝の県岐阜商戦でこんな采配を見せている。1点リードされて迎えた9回表無死一、二塁の場面。カウント1－1から二人の走者を走らせるエンドランを敢行して失敗（空振りで二塁走者が憤死）。0

対1で敗れている。いつも成功するわけではない。だが、勝負しなければ点は入らない。

「成功したら流れが一気に変わる。でも、怖いサインだわね（笑）。若いときは思い切ってやったもんだ（笑）。ドキドキする？　それはします。子供たちの夢がかかってますもん。そんな中で成功したら、逆に喜べんね。何でかというと、成功したあとの点の取り方をすぐに考えないといかんから。ワーッと言っとる間に1ボール、2ボールになる」

実は、先ほどの02年の決勝戦。分が悪いと見た阪口監督は、対戦前から中京・大藤敏行監督に揺さぶりをかけている。マスコミに対し「選手の素材では負けてるけど、監督はこっちが上。監督の差で勝ちますよ」と言ったのだ。若い頃から、年上の中京・杉浦藤文監督、愛工大名電・中村豪監督に対しても、平気で強気のコメントを出して駆け引きをしていた阪口監督。試合前から勝負は始まっている。

「分が悪いときこそ仕掛ける？　それは間違いない。僕はね、この勝負は四分六分で不利だと思ったら、絶対動かす。がっぷり四つではいかない。勝てるゲームと思ったときは堅くいく。危ないと思った場合は選手を動かす。これはいまだに変わらない」

勝負所で冴える阪口采配

試合前から駆け引きを展開した試合でいえば、91年夏の決勝・愛工大名電戦がそうだった。名電の四番は鈴木一朗（イチロー、現マーリンズ）。準決勝まで25打数18安打の打率・720、3本塁打と当たりに当たっていた。チーム打率も・391。分が悪いと見た阪口監督は、決勝前日、記者にこう宣言した。

「明日は満塁の場面でも鈴木は歩かせる。1点を捨ててもいい」

翌日、いきなり初回に無死一、二塁のピンチがきた。打者は三番の深谷篤。本来なら送りバントの場面だが、それだとイチローは満塁策で敬遠されてしまう。名電・中村監督は「ここで一気に叩こう」と考えた。カウント1‐2からエンドラン。ところが、深谷は空振りして三振。さらに二塁走者も三塁でアウトになりダブルプレー。このあとはイチローを敬遠してピンチを脱した。

「向こうが1回の大チャンスを逃したんだよね。バットを振り回したというか、振ってくれてね。0点に抑えたことによってウチに流れがきたんだ」

この試合、阪口監督は大きな賭けに出ていた。先発に起用したのは1年生の水谷完。この大会では1試合8イニングしか投げていないルーキーを、大一番で抜擢したのだ。

「決勝まで行ったら、1年生の水谷を使うぞと決めてた。だから、準決勝までに負けるなら他のピッチャーで負ければいいと。これしか道がないと思った。あのときのイチローはダントツだったもんね。この名電は愛知県史上、類を見ないぐらいの強いチームだった。

新聞記者の人たちは8対2、9対1という評価だもんね。名電は準決勝も一方的に勝ってる（滝に15対2）。ウチの戦力では絶対に勝てないと思ってた」

エースの植田慎輔では名電打線に通用しない。そう考えた阪口監督は、甲子園に行くために割り切ったのだ。ベンチ入りメンバー唯一の三重出身の水谷は、春の大会ではベンチ入りしていない。相手が情報を持っていないということもあった。

「水谷はずーっと使わずにこの試合でしょ。何で使ったかといったら、球は速かったから。1試合だけだったら、と。（決勝までの調整は）1年生だからグラウンドでもキャッチボールだけ。休み肩にして温存してたわけ」

初回につかまることも覚悟のうえでマウンドに送った。案の定、水谷は緊張から四球とバント安打で無死一、二塁のピンチを招いたが、相手の強引な攻めによって運よく無失点で切り抜けた。これですべてが変わった。東邦は名電の先発・高井から1回裏に2点を先制すると、2回裏には宮島亮の満塁本塁打などで5点。水谷は7安打5四球と走者を許しながらも、6三振を奪って完封した。

「ウチは何とか水谷が1、2回を逃れてくれれば勝負になると思った。1回を逃れたことでこの勝負があったね。それにしても、何でイチローが先発でこなかったのか。イチローが投げてたら絶対打てないよ。はっきり言える。絶対勝てる相手じゃなかった」

この試合、3打数ノーヒットに終わったイチローは試合後にこんなコメントを残している。

「1年生投手だったので力んでしまった」
強者に挑む立場なら、失敗覚悟で相手の心を動かさなければ勝利はやってこない。

名電相手の決勝では、こんなこともあった。

85年の夏。4対4で迎えた9回裏に無死満塁の大ピンチを迎えた。阪口監督も「完全にやられたと覚悟した」という絶体絶命の場面。一人目の二番打者がショートゴロで1死満塁となったところで、阪口監督がベンチから指示を出した。

「ひらめいたんだよね。センターに『前に出てこい』と言った。そう言ったって、ちょっとしか出てこんわ。それで、『もっと、もっと』と前に出して『よし』と言ったのが内野と外野の間の芝生の切れ目から2～3メートル後ろだった。フライを打ったら誰も外野にいないわけ。何を思ったか、そこにセンターを置いたんだよね」

そして、その直後。三番打者の打球がセンターへ飛ぶ。誰もがサヨナラヒットだと思ったそのとき、前に守っていた安藤学（元ロッテ）がライナーをキャッチした。

「あのときは僕の勘がよかったのかな。前にいたセンターが前進して、さらにしゃがんで捕ったような当たりだった。これは爽快だったね。（名電監督の）中村さんが『何でセンターがそこにおったんだ！』と叫んだとあとから聞きました。それにしても、よう前に出したなぁ。今だったら、とてもできんね」

2死になったとはいえ、まだ満塁のピンチは続く。打者は四番の杉浦守（元巨人）。ここでエース・田中大次郎は制球が定まらず、カウント3－0にしてしまう。再び絶体絶命の場面が訪れた。

「もう観念したよ。ボールだったら押し出しだもんね。このときに僕は何をしたらいいか考えた。今、自分ができることは笑うことだけだと。ノースリーで笑えんよ。ベンチの後ろで無理やり笑顔をつくった。それを見て大次郎が『先生が笑ってたから気楽に投げれた』と言った」

田中はストライクを2球続けてカウント3－2。最後はショートゴロで窮地を脱すると、延長12回表に4点を挙げて8対4で優勝をつかんだ。

勝負所で冴える阪口采配だが、もちろん、いつもうまくいくわけではない。88年夏の準決勝・愛工大名電戦では3対3で迎えた延長14回裏1死満塁の場面で、センターの加藤道玄を投手と三塁のラインの間に守らせる内野5人シフトを敷いた。

「絶対にスクイズをさせたくなかった。内野ゴロを打たせるつもりだった」

だが、打球はライトへ。芝生のはげている定位置よりやや右の後方に落ちるサヨナラヒットとなり、奇策は実らなかった。

うまくいくときもあれば、そうではないときもある。だが、後悔するのは、やろうと思ったのにやらなかったとき。思い切って勝負をかけ、あとは天に任せる。それぐらいの決断力がなければ、監督は務まらない。

ここ一番の勝負になると厳しさは封印

笑顔の勝利、だった――。

89年のセンバツ決勝・上宮戦。1対2とリードされて迎えた10回裏。無死から八番の村上恒仁が死球で出塁する。通常ならバントで送って上位につなげる場面だが、阪口監督はそうしなかった。「バントシフトが非常にきつかった。バントで送って同点よりも一気にいこう」。九番の安井総一に送ったのはバスターエンドランのサイン。だが、安井の打球はセカンドの正面に飛び4－6－3と渡る最悪のダブルプレーになった。

「勝負をかけた。いい打球だったんだけどね。一、二塁間だったんだよ。僕は抜けたと思った。そこにセカンドがおった。これはツイとらんなぁと。絶対おるわけがないんだよ。もう少しキャンバス寄りにおって、ゲッツーでもよし、バントでもよしという2つのところにおらないかん。それが一塁寄りに寄っとったからね」

それまでに77年夏、88年春と2度の準優勝。3度目の正直で狙った日本一だったが、この一球で一気に遠のいてしまった。2死無走者で、あと一人。

「ゲッツーでオレもここまでか、また準優勝かと。〝また〟がついたわね。準優勝の監督だなぁ、優勝できんなぁって思ったけど、前の年の経験があったからね」

前の年とは、88年のセンバツのこと。山田喜久夫—原浩高の2年生バッテリーで決勝まで勝ち進んだが、宇和島東に0対6で完敗していた。

「甲子園出発前に（88年に戦った）ビデオで5試合全部自分の采配を見たわけだよね。決勝戦だけ、なぜ負けたんだと2度、3度見直した。采配そのものにはミスはなかったと思うんだけど、僕が勝負に執念を燃やしすぎたんだね。勝負の中に入りすぎた。スクイズ失敗のときの顔が鬼のようだった。僕のあの目で選手は萎縮してしまったのかと。それで監督というのは、勝負の外におって、ベンチの外からゲームを見ることが必要じゃなかろうかと思ったんだね。僕が先頭を切って、選手を追っかけておったんじゃないかということに気がついた。僕の勝負に対する姿勢があまりにも厳しすぎた。もう少しリラックスしてやったら勝っとったものを……とものすごく反省したんですよ」

そう感じたことで、この大会の自身のテーマを笑顔にした。両方の手のひらに「笑う」と書いてベンチ入り。試合中はイニングが終わるごとに、ベンチ裏にあるスイングルームの鏡を使って自分の表情を確認。和田悟部長にもチェックしてもらっていた。エンドランが失敗し、怖い顔になりかけたところでこれを思い出したのだ。

「はっきり覚えてるけどね。『よし、ここは最後、笑顔で子供たちの敗戦を見届けてやろう』と思った。前の年はこういうときに笑顔がなくなってたわけです。だから、今こそ笑顔でなければいかんと」

そう思ってグラウンドを見ると、ある光景が目に入った。上宮の2年生エース・宮田正直（元ダイエー）が、マウンドで涙を流していたのだ。東邦の選手たちは、「まだ勝負は決まっとらんのに何泣いてんだ」と怒っている。それを見た阪口監督は、打席に向かう山中に「2ストライクまで振っちゃいかん」というウェイティングの指示を出した。

優勝がちらつき、早く終わりたい宮田はストライクが入らない。山中をストレートの四球で歩かせた。二番の高木幸雄も「僕も2ストライクまで振りません」と待球戦法。カウント3－2からショートへの内野安打でつなぎ一、二塁とした。続く打者は、三番の原。走者が得点圏に進んだことで、阪口監督は「打ってよし」とGOサインを出した。

「原はバットを短く持ったんです。それを見て僕は、『これは宮田君のシュートを待ってるな』と。彼はシュートピッチャーでしたから」

初球。原は狙い通りの内角シュートを詰まりながらもセンター前へ落とす。二塁走者の山中が小躍りしながらホームインして同点。が、プレーはまだ終わっていなかった。一塁走者の高木が二塁を大きくオーバーランしているのを見て、捕手の塩路厚が三塁へ送球。送球を受けたサードの種田仁（元横浜）がすかさず二塁へ送球するが、これがワンバウンドになった。セカンドの内藤秀之が後逸し、さらにバックアップに来ていたライトの岩崎勝己も後逸。ボールが無人の外野を転々とする間に高木が還り、東邦が劇的なサヨナラ勝ちを収めた。信じられないような奇跡の逆転劇に、思わず阪口監督も涙を流した。

「あれは、笑顔があったから逆転できた。前の年の敗戦が優勝にしてくれたと思ってます」

もし、前年のような怖い顔をしていたら、勝利の女神は微笑まなかっただろう。

選手にいかに力を発揮させるか――。

阪口監督は、ずっとこれに腐心してきた。〝鬼の阪口〟の異名があるように、練習中の厳しさには定評がある。

「大切な子供を預かっとるわけでしょ。ボールもバットも凶器になりますもんね。当たりどころによっては、大変な事故になる。緊張感から厳しくなります。それに、子供たちに夢というものをつかませてやらないかんという思いがある。それには僕が本気になってやっとるところを見せないかん。ユニフォームに着替えると、グラウンドは戦場なり。そういう姿勢が鬼という呼び方になっとるんだと思いますよ」

だが、試合になれば別だ。鬼のままでは選手は監督の顔色ばかりうかがうことになる。それがわかっているから、阪口監督は必死に〝演じて〟きた。85年夏の愛知大会決勝・愛工大名電戦では、試合後にこう明かしている。

「あんまり自分の心が抑えられないもんだから、試合中ベンチでは下手な歌を歌いながら踊ってましたよ」

このとき、夏の甲子園は77年以来7年間も遠ざかっていた。前年の84年は決勝で敗退。甲子園に行きたい気持ちを抑えられず、それを選手に悟られないためにパフォーマンスで隠したのだ。

「あの当時は踊ってたからね。どうやったら勝てるか、どうやったら選手たちが〝躍って〟くれるかと。『お前らも踊れ』と言って踊った、踊った。歌うのはそのとき思いついた歌。北島三郎の『祭りだ　祭りだ　祭りだ　豊年祭り〜』とか。笑わすだけだわね」

選手たちをいかにリラックスさせるか。そのためには、役者にならなければいけない。演じなければいけない。

「中京大の滝（正男、中京商の選手、部長として各2度全国優勝。中京大監督を27年間務めた）先生がね、ベンチの中で踊ってはおらんけど、選手たちを笑かしたりしてた。要するにピエロの役だね。そうか、監督というのはピエロにならないかんわけだなと。日頃は厳しいからね。試合のときぐらい楽しくやらせてやろうという折り目、切れ目だろうな。練習も厳しい、試合も厳しいのはいかんなというのが徐々にわかっていったわね」

それ以来、ここ一番の勝負になると厳しさは封印するようになった。

「生徒たちには『ここまで来たら、もう先生怒らんでな。お前らの好きなようにやれ』と。『オレも好きなようにやるから』ということは言うけどね。練習でやるだけのことはやって、怒ってやってきたんだから。生徒たちもホッとするわね。『おーい、好きなようにやれるぜ』って言うもん。それぐらい鬼でやってきた。練習はね」

もちろん、パフォーマンスは毎試合やるわけではない。

「勝てる相手にはやらないよ。絶対勝てん相手だと思ったら、何かやらないと勝てないもんね。10の力を20にせんことには勝てんと思ったら、あとの10、プラス10は監督の技量とか器量だから」

勝つためには、役者にでも、ピエロにでもなる。それぐらいの気持ちがなければ、大一番で選手たちをリラックスさせることはできない。笑顔とオーバーアクション。大舞台では、それが必要なときが必ず来るのだ。

休む勇気と不調に陥った選手の修正法

選手に力を発揮させる工夫は試合中だけではない。

平成に入る前、昭和の時代（昭和60年＝１９８５年）から、毎週月曜日を練習休日にしていた。

「完全休養の日ということで、この取り組みは日本高野連も取り上げてくれたね。土日が雨で流れたときは月曜でも練習やりますけど、それは疲労を取るためにちょっとやるだけだからね。休みといっしょ。月曜日は絶対休みをとらないかんね。子供たちの集中力を養う意味でも、故障をなくす意味でも。あくまでも高校野球だからね」

当時は練習に休日を設けるなど考えられない時代だった。ライバル校が練習をしていれば、「先に終われない」とライバルより少しでも長く練習するのが当たり前だった。

「休む勇気がものすごく必要だった。昔は1日休んだら、何日間は勘が戻らんとかよく言われたじゃない。絶対休んだらいかんって。僕も自分で年中やるもんだと誓っておったからね。それが、監督をやって10何年たってから、何かの考えからポッと月曜日を休みにした。それから成績がぐーんと上がっていった」

休むのは選手たちのためだけではない。指導者自身のためでもある。休みの日は自分も休養をとり、リフレッシュする。

「自分も休みを楽しむ。やっぱりね、自分に疲労が残ってると短気になる。これはよくない。自分の心のケアもやって、心身ともに休ませて、火曜日から練習に入ったほうがチームは強くなる。僕はそう信じてる」

チームは生き物。監督の状態が悪ければ、チームの状態も悪くなる。監督が楽しんでいれば、選手たちも生き生きしてくる。同じ頃から、練習での個人ノックも向いていないと感じるようになった。指導者の自己満足ではなく、成果の挙がる練習にするために先入観を取っ払った。

「昔は300本ノック、1000本ノックという言葉が出たわね。今はもう、個人ノックは絶対やらない。1本1本打って回したほうが、集中力があるし、判断力が養われるというふうに見ておるからね。昔は『ちょっとぐらい痛いんだったらやれ』。これが多かった。でも、東邦の晩年の頃から根性論はちょっと薄れたね。根性では病気は治らん。ケガも治らん。今は、違和感があったら休め。微熱があったら休め。マッサージに行かせたり、選手を大事に扱うようになりました。そのほうがチームにとっても戦力は下がらない。根性論はいかんという考え方に変わりました」

いつまでも昔のやり方では通用しない。時代の変化に対応していくこともまた指導者に求められることなのだ。

いくら監督が舞台を整えたとしても、大会中には必ず不調に陥る選手がいる。そんな選手に対して、阪口監督はどう修正していくのだろうか。

「難しいね。やるべきなのは、バッターもピッチャーも、その子、その子の絶好調のときのフォームを見ることだね。今もノートに書いてあるけど、それを覚えとってやること。僕は4時間の練習だったら、2時間半はピッチャーだね。ブルペンにずーっといて、あとの1時間半はバッティングを見る」

練習を見る際のポイントはこれだ。

「ピッチャーなら、ボールがシュート回転するかどうか。調子が上がらないと、今まで真っ直ぐいっとったのが、必ずシュート回転するんですよ。これはやっぱり身体の突っ込み、開きが原因。そういうのを見てやる。ピッチャーを後ろで見て、『ＯＫ』、『もう少しゆっくり投げろ』、『投げ急ぎだ』とその子のコンディションに合った指導をしていかないかんね。バッターなら、打球の行方、飛んだコースを見てやる。右バッターなら、絶好調のときはセンターから左中間にボールが集まる。それが左中間じゃなくてレフト線に集まり出したら要注意だね。開きが早くなるから」

打撃を修正する際には、ロングティーをやらせるようにしている。注意して見るのは、やはり打球方向だ。

「スイング、ティーバッティング、それから入るわね。ロングティーをして、打球が真っ直ぐ飛んでいっとるかどうか。インサイドからバットが抜けとるかどうか、外から内に入っとるか。それを確かめて、そこを直してからフリーバッティングで打たせるね。絶好調でも１か月半ぐらいで調子が悪くなったりする。プロでもそうでしょ。絶好調から絶不調に必ずなるわけ。毎日の練習、試合の中でバットの軌道が変わってくる。溜めがなくなって、前に突っ込んでいったり。そういうときのためにコーチがおる。真剣に見てやらないかんね」

レギュラーであれば、大会中は絶不調でもスタメンで使い続けることが多い。

「あまり外すことはしないね。今まで努力してやってきたものを、調子が悪いからといって外すのは教育的によくない。『直るまで、1本ヒットが出るまで使ってやるから安心せえよ』という言葉をかけることが多いね。子供は喜ぶよ。高校野球は教育だからね。それで代えたりすると下級生が見とるからね。代えずに『一生懸命やっとると、先生は最後まで見てくれとる』と思わせる。こういうことが大事だと思うよ。それに、そういう子も、1本出ると元に戻るんだよ。おかしなもんで、1本出ると急に固め打ちしたりする。精神的なものが大きいわね」

一度レギュラーを任せると決めたら、信頼して使う。我慢する。これが阪口監督のやり方なのだ。

戦力がなくても全力を傾けて毎年が勝負

短期決戦のトーナメントで勝ち上がるには、勢いが必要だ。それが激戦区となれば、なおさら。意識してムードをつくっていくことが大事になる。

「勝ち抜くには、絶対勢い。それを出すには、監督が自ら大声を出して引っ張っていく以外ないんじゃない？　高校野球というのは、監督の性格がチームにものすごく影響する。

おとなしい監督だとチームもおとなしいでしょ。僕はそうじゃない。『オレについてこい』。ゲームになれば、生徒よりも大きな声を出す。73歳になってもいっしょ。『オレについてこい』だよ」

監督が先頭になって姿勢を見せる。選手たちはどんなときも監督の姿を見て影響を受けている。監督の姿が、そのままチームの姿を表すのだ。

「オーバーアクションはね、絶対必要だ。監督が明るくて、ユーモアがあって、元気があったら、生徒も絶対元気がいい。そういうチームは怖いよ。力以上のものを出してくる」

大会終盤の連戦を乗り越えるためには、オフの期間から準備をする。

「やっぱり、冬場の練習ですよ。夏の連戦に備えて、冬場のうちに猛烈に走り込みをやる。大垣には金生山という山があるんだけど、これを時間の許す限り走らせる。そうすると、精神的にも強くなるし、足腰も強くなるし、連戦にも強くなる。（大会中は）疲労なんて僕は考えてないからね。ピッチャーだって毎日２００球、２５０球投げるんだから。連投なんか関係ないという考えで、ピッチャーは育ててるからね。もちろん月曜日はノースローだし、１００投げたり、50投げたり、２５０投げたりと波をつくってる。球数は本人に決めさせます。違和感があればやめればいいけど、いいと思ったら２５０までいけと」

足袋を履いて河川敷を走らせたり、重さ5キロの砂袋を背負って走らせたりしたこともある。絶対的な練習量とこれだけやったんだという自信。これが夏の連戦で力になると阪口監督は考えている。あとは、大会が近づいてからの調整に気を遣う。

「あくまでも選手が戦うことだから。猛練習、猛練習というのに自分が酔わないことですよ。猛練習と休養をきちっと考えて指導するということ。いくら若くても、子供は疲労が残る。その疲労を考えて指導してやる。勝とう、勝とうと思って勝利を焦っちゃいかん。そうすると大会間近になって故障者が出る。そこを考えて余裕を持って指導を考えないかん。これが一番大事なことだね。僕は大会1週間前から練習をガタッと減らします。疲労を取って、精神的にも肉体的にも健康な状態を完全につくりあげて、大会に入ることを心がけてる。そうすれば、万全な態勢でゲームに入れますから」

そしてもうひとつ、大会に入るにあたり、忘れてはいけないことがある。

「毎年、毎年が勝負。僕は3年計画とか、2年計画とか考えたことないからね。戦力がなくても、その年に全力を傾けて、子供のためにやってやる。これが大事なことだね」

チャンスは、いつ来るかわからない。だが、準備していない人には、チャンスは永遠に訪れないのだ。

チームに勢いを与える采配

最後に、あらためて阪口監督らしい采配を紹介したい。

07年のセンバツ決勝・常葉菊川戦。5対6で迎えた9回裏だった。2死一塁。一番・小川和也への2球目に一塁走者の安井俊介が盗塁を試みたのだ。あと一人で試合終了という場面。アウトになった瞬間、負けが確定する。しかも、舞台は甲子園の決勝戦。サインを出す監督にとって、かなりの勇気を必要とする状況だ。だが、阪口監督に迷いはなかった。

「あのときも『あんなところでよう走らせたね』って聞かれたんだけどね。アウトになると思わずやらな勝てんもん。あのままでは、連打が出なけりゃ、長打が出なけりゃ1点にならんでしょ。成功すれば単打で1点になって同点でしょ。勝つための最善の策といったら盗塁しかない。そう思っただけのこと」

本人はさも特別ではないことのように言うが、この状況でこのサインを出せるのは阪口監督しかいない。これまでに同じような場面は数えきれないほど観てきたが、盗塁のサインを出した人はいても、阪口監督と同じサインを出した人は記憶にない。他の監督のサインは「行けたら行け」または「行ってもいい」という自由盗塁だが、阪口監督は違う。次の投球で走れという「ディス・ボール」での盗塁なのだ。「行けたら行け」はセーフ、アウトの責任は選手が負うが、「ディス・ボール」の場合の責任は監督。だからみな、怖くて出せない。「負けたら監督が悪い」と普段は自分で言いながら、誰が見てもダイレクトに勝敗にかかわるところで勝負できる監督はなかなかいないのだ。

負けたら試合終了という究極の場面で、自分の意思で走れる選手はそういない。結果的には、盗塁もしないまま終わってしまう。だが、監督に「アウトでもいい。思い切っていけ。アウトになったらオレのせいだ」と言われたらどうだろうか。一か八か、スタートを切りやすくなるはずだ。得点には結びつかなかったが、安井は盗塁を成功させた。

文字通り、「勝敗の責任は監督が負う」のが阪口采配。昨今、こんなサインを出せる人は他にいない。

「よく出せる？　野球知らんのだわ（笑）。僕はそういうふうにやってきた。勝ったら生徒がようがんばった。負けたら監督の采配がまずかった。これでいいという考え方だから」

批判も覚悟。非難を怖がっていては勝負はできない。勝つためには、本物の勝負師になること。そうでなければ、相手を恐れさせることはできない。激戦区を勝ち上がるために必要な、チームに勢いを与える采配はできないのだ。

投手は複数持つこと、
コンディションをしっかりつくること、
シード権を獲ること。

第4章

森田泰弘

東邦監督

森田泰弘　もりた・やすひろ

1959年4月4日、愛知県生まれ。東邦—駒大—ホンダ技研鈴鹿。高校時代は主将・四番・三塁手として77年夏の甲子園で準優勝。83年に東邦のコーチとなり、2004年に監督に就任した。甲子園には春2回、夏3回出場。学校事務職員。

練習のための練習はするなを指導者も徹底

東邦を見ていて、明らかに他校と違う部分がある――。

それは、ノッカー。通常、ノックを打つときのトスは顔の前、高めに上げるが、東邦ではそうしない。通常よりもずっと低め。ひざの高さに上げるのだ。腰を折るようにしてまで低いトスを上げて打つ。なぜ、わざわざそうするのか。森田泰弘監督はこう説明する。

「ピッチャーは低めに投げてゴロを打たすでしょう。同じ位置にトスを上げないと試合とは違ってきちゃいますよね。低く上げることで野手のスタートの練習になるんですよ」

基本的な考え方として、投手が高めに投げた球はフライに、低めに投げた球はゴロになりやすい。守っている野手は、投球が低くいくと本能的にゴロを予測して備える。高めの球を叩きつけて高いバウンドのゴロになることもあるが、それは稀だ。試合を想定するならば、低めの投球を打ってのゴロを日頃からイメージしておくほうがいい。では、なぜ多くの指導者はトスを高く上げるのか。

「高く上げるほうが楽だからですよ。低いトスを上げ続けるのはしんどい」

低いトスを打つには上体をかがめなければいけない。重労働になるため、数多くノックを打つには不都合だ。それでも、森田監督はそれにこだわる。教え子の若いコーチにも、そうやって打つように指導する。選手に「練習のための練習はするな。試合を想定してやれ」と言うならば、指導者が楽をするのはつじつまが合わない。守備力を向上させようと思えば、指導者も面倒くさがらずにやらなければいけないのだ。

「ノックを打つときは、（内野手の）足を動かすために弾ませるゴロを打つ。打つ前から、『あそこに、こういうゴロを打って、どういう体勢で捕らせよう』というところまで考えないとダメです」

２００４年に監督に就任するまで、20年間もコーチを務めてきた森田監督。20年の工夫が、ここに表れている。

「特別なことじゃないでしょう。普通だと思ってます」

本人はそう言うが、小さなこだわりが守備力向上に一役買っている。

度肝を抜くプレーボールホームランだった。

08年夏の北海戦。６年ぶりに夏の甲子園に出場した東邦の一番・山田祐輔が、試合開始のサイレンが鳴り響く中、初球の１４４キロストレートを右中間に叩き込んだ。北海のエースは鍵谷陽平（現日本ハム）。南北海道大会では７試合で４完封とほぼ無敵だった右腕が、自慢のストレートをあっさり打ち返されたショックは大きかった。６回３分の１で14

安打を浴び、12失点で降板。この試合、東邦は3本の本塁打を含む19安打を放って15得点。強打・東邦を印象づけた。

阪口監督時代は投手を中心とした守りのチーム。1988、89年には2年連続でセンバツの決勝に進出。〝春の東邦〟といわれたように投手優位のセンバツに強かった。それが、森田監督になって打撃のチームに変身したのだ。

「阪口野球を否定してるわけじゃない。バントもやるし、スクイズもやります。ただ、理想に掲げるチームが打つチームであるということ。何でかというと、打てるチームじゃないと全国優勝はできないと思ってるので。松坂（大輔、現ソフトバンク。横浜高校時代に春夏連覇）みたいなピッチャーがいて、甲子園に行って3連投、4連投しようが決勝で軽くノーヒットノーランをやるような怪物がいれば別ですよ。ウチを見た場合、甲子園に行くことはできても、向こうに行って勝てない。行くだけで終わってるんです。何が足りないか考えたときに、甲子園で勝てるチームとの差はバッティング。ピッチャーを含めた守りとかは全国レベルとそんなに変わらないと思ったんですけど、バッティングの差は歴然としてた。それで、その差を詰めなきゃと」

打撃のチームをつくるために、森田監督が行ったのは環境づくりだった。打力を上げるには、前から来るボールを打つ数を増やす必要がある。限りある時間で数多く打つには、マシンが有効。森田監督がそろえた台数が半端ではない。

「ウチはマシンが11台あるんですよ。普段は外（グラウンド）6か所、中（室内練習場）4か所の10か所で打ちます。要はバッティングセンター化しちゃうんです。環境整備をするのに7～8年かかりましたね」

平日は外の6か所を5分で回し、一人30分間打つのが平均。オフの土日になると1日1時間は打ち込む。この打つ数の絶対量の多さが東邦の打力をつくっている。それだけではない。もちろん、どんな球を打つかも工夫している。

「ときたま150キロを超えるボールを打たせますし、今日はインコース、今から10分間はアウトコースを打ちなさいとか、今日はスライダーを打ちなさいというようにやります。ウチは学校とグラウンドが離れている（バスで30分）んで、平日の練習は4時半からなんですよ。たかだか2～3時間しかないので『今日はこれをやろう』というのを明確にしてやらないといけない。アップやって、キャッチボール、ノック、バッティングをして、はい終わりという練習だと何も身につかずに終わってしまうので、それじゃダメだと思ってそうしてます」

高校生ではほとんどいない150キロを超える速球を打つのには理由がある。きっかけは、智辯和歌山だった。練習試合で遠征に行ったときのこと。試合が終わり、智辯和歌山の打撃練習が始まると、155キロのストレートや140キロのスライダーを練習している。なぜそんな球を打つのか疑問に思った森田監督は、高嶋仁監督に質問した。

「これを打てなきゃ、駒大苫小牧の田中将大（現ヤンキース）は打てん。打てなきゃ優勝できんやないか」

その年の最高の投手に照準を合わせて練習するのが高嶋監督のやり方。この考えに納得した森田監督は、さっそく自分たちの練習でも取り入れたのだ。

「いいピッチャーと対戦したとき、見たこともないボールを打てと言ったって打てるわけがない」

それ以来、この考えが森田監督の当たり前の基準になった。県大会で栄徳のアンダースローと対戦したときには、マシンをひっくり返して、下向きにしてボールを出して練習したほどだ。

「やっぱり機械ですね。すごいボールが来ますよ。あの試合は、一番がレフトフライでベンチに帰ってくるやいなや、『マシンといっしょ』と言いました。見たことのないボールは試合で打てるわけがない。それは高嶋さんから教えてもらいました」

もうひとつ、森田監督のこだわりがある。それは、打撃練習では内角、または外角の球を打たせるということだ。

「バッティング練習はとにかくインコース、アウトコース、ベースの両端を打たすんですよ。両サイドのボールをいかにさばくかということを毎日考えさせます。真ん中なんか、目をつぶっても打てるからいいよと。これはコーチのときに気づいたんです。バッティング練習をじっと見てたら、ウチのヤツらはバンバン打つんですけど、真ん中しか打たないんですよね。両端を打たない。なぜかといったら、両端を打つと失敗するから。失敗すると阪口先生のお仕置きを食らうわけですよ（笑）。もう打たせてもらえない。試合になると、ちょっといいピッチャーは両端に投げてくるでしょう。だから甲子園に行くと打てない。それに気づいて、これはいかんと」

漠然と甘い球だけを打つ練習はしない。しっかりとテーマを与える。そして、数を打たせる。この積み重ねが、東邦の打力を飛躍的に向上させることにつながった。

ボールになる低めの変化球は絶対に振らない

甲子園はもちろん、地方大会でもレベルの高い投手と対戦する場合、勝つために絶対的な条件がある。それは、ボールになる低めの変化球を振らないこと。この球に手を出すたびに、敗戦が近づいてくるといっていい。いかにしてこの球を見送れるかがポイントになってくる。

「言われてうれしいのが、『森田さんとこの選手は、低めの変化球を空振りしませんよね』ということ。それは、練習でうるさいぐらい言うし、それが止まるような打ち方はものすごくうるさく言いますからね。常に意識するために、まっすぐと変化球がランダムに出るマシンを高いお金を払って買いました」

全国レベルの変化球を投げられる投手は、チーム内になかなかいない。そこで、マシンを使うのだ。ストレートを打ちにいって、変化球であれば止まる。難しいが、繰り返し練習するしかない。

「いいボールを見ておく。体感させる。低めは打たないという意識で練習させる。(できるようになるためには)個々の特徴があって、その子の身体のバランスがあって難しいけど、ひとつだけ言えるのは、ベルトの高さのまっすぐを打ちにいって、ボールが動いたら打たないということ。これは練習の中ですごくやらせます。見逃し三振でもいいから打たない」

かつては落ちる球を拾う打ち方を試したこともある。だが、それだとおもしろいように空振りしてしまった。最後に落ち着いたのがこのやり方なのだ。

「ベルトの高さのまっすぐを打ちにいって、動いたら止まる。真ん中から外めのまっすぐを打ちにいって、動いたら打たない、中(内)へ来たらファウルにするというのが高校生に合うのかなと」

低めの変化球に手を出してしまう原因は打撃フォームにもある。ドアスイングはもちろん、目線がぶれるなど悪癖があると見極めも難しくなる。

「指導するうえでは、タイミングをすごく見てます。右バッターでいうと、左足を踏み込んでいったときのグリップの動き、距離の取り方、ボールの呼び込み方。振り出すときに手首をコックしたり、身体が大きく暴れたり、バットのヘッドが大きく入ったりというのは注意します。他には、踏み出していくときにショルダーファーストになっているとか、ステップする足にローリングする動きがあるとか、そういうのは言います」

ただ、「フォームをこうしろ」というやり方はしない。打ち方は人それぞれ。修正点だけを指摘する。

「人によって肩関節、股関節が硬い人もいれば柔らかい人もいるので、全部が全部同じように打てというつもりはないです。要はどんな格好で打とうが、確率よく芯に当てるバッターを使う。確率が上がるように、もう少しこう考えたらどうだということを言います」

とはいえ、当然のことながら、いくら練習やアドバイスをしても全員ができるようにはならない。

「止まらないヤツはいますよ。お前は10年、20年たって草野球をやっても低めを振るよっていう子が。そういう子は残念だけど、『お前は試合には使えないよ』と。簡単にいえば、止まるヤツを使うということ」

できない選手は、追い込まれるまでに勝負するしかない。

「2ストライクまでは、変化球はゾーンを上げて、目の高さ、胸の高さあたりから動く高めを打てばいい。追い込まれたらごめんなさいというタイプは、必ず1球目、2球目にヤマを張らせていきます」

あとは工夫だ。打てる確率の低いまま、打席に入らないようにする。

「力がない子、バットの出が悪いドアスイングの子に関してはバットを短く持てと言います。4打数1安打で1ホーマーよりも、4打数2安打のほうを求めますね。中には、4打数1安打だけど、その代わり当たったらフェンスを越えるという子もいる。そういう能力の子には、そっち方向でいいよと。藤嶋（健人、現中日）なんかはまさにそうでした。そうやって割り切って選手を見てるつもりです。ただ、全部そっちに走ると、チームとしての勝率が上がるとは思えないのでしませんけどね」

5回までに5点を取る

16年夏の甲子園初戦では、北陸に史上4位タイとなる24安打を浴びせて19得点と強打を見せつけた。選手たちが意識していたのは、積極的な攻撃。試合後、捕手の高木舜は、「3球以内に打つ。3球以内に走るというのが決まり事ですから」と言っていた。

「やみくもにいけって言うわけじゃないですけど、打てないときというのはえてして消極的になってるので。追い込まれると、3割バッターでもどうしても1割5分ぐらいになるので、確率を上げるためにも積極的にいこうと。データを見ても、打ってるバッターは1球目、2球目を打ってるので、3球目までには打つようにしなさいと言いますね。その代わりベースを半分に割って、中（内角のこと）を狙うとか外を狙うとか、まっすぐを狙うとかカーブを狙うとか、配球はしっかり読めと。万が一追い込まれたら、ゾーンを上げて日頃やってる外を意識しながら、中は徹底的にファウルで粘るように切り替えて、バットを短く持ってやっていけと言いますね」

打撃でも走塁でも、練習試合では特にこの意識を持ち、クセをつけるようにする。自然にできるようにするためだ。

「僕でも公式戦はいろんなことを考えてしまって、練習試合ほどは動かせない。だから、選手には練習試合では特に積極的にやるように言いますね。意識づけの意味で、練習試合ではいろんなことをオーバーにやらせます。僕の中では、公式戦になったら、練習試合の7～8割ぐらいしかやれないと思ってるんで。そうやっておいて、公式戦ではいつもの練習試合のようにやろうと。いかにそうできるかがポイントですね」

本番になって、急にやれと言われてもできない。普段から大げさなぐらい意識してやるからこそ、いざというときに身体が自然と反応する。チームで徹底したいことがあれば、それぐらいになるまで、繰り返しやらなければいけないのだ。

「5回までに5点取ろうぜ」

森田監督がいつも選手たちに言う、理想のゲームプランだ。

「考え方として、5回までに5点取ろう。5点差つければ、この試合はほぼ勝てるぞと。逆に、5点取られたらしゃーない。あきらめだと（笑）。5回終わって僅差のゲームだったら、これはスクイズもやろうやと」

あえてこんなことを言うのは、選手たちに工夫してもらいたいからだ。

「5回までに5点取るためには、どうしたらいいか考えろということ。『ノーアウト一塁でバントをするか？　ビッグイニングをつくろうよ。前半は1イニングに3点取れるような展開を目指していこう。そういう野球をしようぜ』と。取れなかったら、後半は1点を取りにいく。5点取られたら『しょうがねぇな。7回までに3点差にしようや』と変えていけばいい」

15年秋の東海大会決勝・いなべ総合戦では、1回表に6失点したあと、森田監督はこう声をかけた。

「5回までに半分にしてこい。7回までには追いつこう。それぐらいの気持ちでいこうや。それにはどうしたらいいか考えろ」

これで力みが抜けたのか、東邦打線は1回裏に2点、3回裏に4点を奪って同点に追いつき、最終的には延長10回の末にサヨナラ勝ちを収めた。ただ打って、ただ走っても仕方がない。点差やイニングなど状況に応じてやるべきことを考える。勝てるチームになるためには、この訓練を繰り返すことが必要だ。

失敗を恐れていては勝ちはやってこない

いくら理想のプランを掲げていても、その通りの展開になることのほうが珍しい。むしろ、理想通りにいかず、劣勢の展開になるほうが多いぐらいだ。流れの悪いとき、武器になるのが足を使った攻撃だ。

森田監督が1年目の05年夏の愛知大会。準々決勝で享栄と対戦した。4対4で迎えた10回裏、東邦の攻撃。1死一、二塁の場面で二塁走者の水野祐希（元ヤクルト）が仕掛けた。三塁への盗塁。水野のスタートに一塁走者も続いてダブルスチール成功。二、三塁となり、享栄は満塁策をとったが、直後に暴投でサヨナラ勝ちした。

「試合前にデータは渡してありますし、ミーティングでは対策を嫌というほどやります。『このピッチャーはこういうタイミングだから、勝負のときはこれで行きなさい』と。じゃあ、勝負はいつかということ。序盤からそんなことをやれば、終盤のここぞというときに警戒されてできなくなる。終盤にここぞという場面がきたら、自分の責任で行っていい。それでアウトならしょうがないよと。ただ、基本的に『走れなかったら勝てない』と言ってます。いかに1アウト三塁をつくるかを考えろと」

東邦で盗塁といえば、外せない試合がある。それは、16年夏の甲子園2回戦・八戸学院光星戦。7回表まで2対9と7点リードを許しながら、7回裏に2点、8回裏に1点、9回裏に5点を奪ってサヨナラ勝ちした試合だ。この試合で印象に残っているのが大量リードされてからの盗塁。7点差の7回裏には1死一塁で鈴木光稀が、1点返して6点差の1死一塁で濱嶋良明が、さらに1点返して5点差の2死一塁で藤嶋が二盗を試みている（藤嶋はアウト）。4点差で迎えた9回裏も1死一塁で鈴木光が再び二盗。点差があるため、普通なら走者を溜めることを優先して、盗塁はしない場面だ。なぜ、走ったのか。

「ノーマークだから行ったんでしょうね。僕の指示は『6点差を5点差、5点差を4点差。1点でも詰めようぜ』と。盗塁は『行ける確信があるなら行きなさい。行っていいよ。果敢にやろう』と言いました。点差が離れていたからこそ、1点でも詰めることは大事。ノーマークなら前に進んで1点でも詰める。普通なら点差があるから無理に動かずに、ランナーが溜まるのを待つんでしょうけど、溜まるのを待ってたら点が取れないんで」

7点差をつけられて敗色濃厚だったが、成功した3盗塁がすべて得点につながったことで、思いもかけない大逆転劇につながった。勝負所の思い切った盗塁と、セオリーを無視した勝負の盗塁。どちらにしても、待っていてはチャンスはやってこない。自ら動き、流れをつくっていく。劣勢でこそ走れなければ勝てないのだ。

監督が勝負をかける――。

分が悪いと思われる相手に対しては、そんな采配も必要だ。森田監督が実行したのは14年夏の5回戦・豊川戦。プロ注目の右腕・田中空良を擁し、センバツでベスト4に進んだチーム相手の一戦だった。この試合で森田監督が先発に指名したのは1年生の藤嶋。東三河ボーイズ時代に日本代表に選ばれた逸材だが、この大会ではわずか1試合、3分の1イニングのみの登板。本格的なデビューとなるマウンドが大一番での先発だった。

「あれは賭けだったたです。5月ぐらいかな、藤嶋はある程度やれるだろうという感触はつかんでいた。だけど、長いイニングとなるとレベルの高いチームにはまだ通用しないだろうと。かといって、他のピッチャーとなると、ちょっと勝ち目はないなと思ったんです。勝つためには、田中君をいかに打つか。でも、容易に打てるとは思わなかった」

まともに勝負しても勝ち目は薄い。ならば、田中にいつも通り投げさせない状況をつくるしかない。そのために考えたのが、同じ速球派の1年生をぶつけることだった。

「田中君が140（キロ）ちょっと投げたのかな。藤嶋も調整して、コンディションをつくってやれば、あの当時でも140を超えると思ったんです。火事場のバカ力でね。あいつには勝負根性というか、勝負強さがある。大一番に使ったら、145ぐらい投げるんじゃないかという気がしたんです。もし藤嶋が143だ、145だと投げた日には、田中君は『1年坊主に負けてなるもんか』と、かなりヒートアップするだろうなと。ひょっとしたら、田中君にいいプレッシャーになるんじゃないか。彼の冷静さを失わせる、カッカくるようなことを藤嶋はやるんじゃないかと思ってぶつけました」

期待通り、藤嶋は立ち上がりから140キロを超える速球を披露。豊川打線を3回まで打者9人のパーフェクトに封じた。1年生の力投に打線も奮起し、3回に2点を先制する。さらに5回には、七番の溝口慶周がセンターへ本塁打を放って追加点。結果的に10安打で6点を奪った。

「田中君本人に聞いてみなきゃわかりませんよ。でも、期待通り力みが出たのかなと思いますね」

藤嶋は9回にも142キロを出すなど疲れを見せず、11三振を奪って3失点完投。これで勢いに乗った東邦は、このあとも勝ち進み、6年ぶりの夏の甲子園出場を果たした。

「ウチよりどう見ても向こうのほうが戦力があるなというときは、相手の力を出させないということも含めて、ある程度は肚くくったことをやらないと。強い相手とやるときは、うわっといけるかどうかなんですよ。それには、選手が奮い立つような言葉が必要でしょうね。なんといっても高校生なんで。自分たちで『これは勝てねーな』ってわかるでしょう。そう思ったらもうダメなんでね。そんなことも考えずに、いかに勢いを出してうわっといかせるか」

一か八かの賭けが当たれば、チームに勢いが出る。当然、うまくいかない場合もあるが、そのときは監督が勝敗の責任を取ればいい。

「賭けが外れたら？　それはしょうがないです。僕はいつも言うんです。決勝で負けようが、1回戦で負けようがいっしょだと。勝たないと意味がないんです」

無難にいって負けるなら、思い切って勝負をかけたほうがいい。失敗を恐れていては、勝ちはやってこないのだ。

高校野球はプレーしている選手だけのものではない。

チームの雰囲気はスタンドにいる選手たちによって決まる。いかにチーム一丸となれるか。部員が多いチームほど、ここに頭を悩ませることになる。勝ち進むために、どのようにしてチームの雰囲気をつくっていくか。森田監督が考えたのが、応援だった。

東邦のブラスバンド部は有名だ。野球応援ではロッテの選手の応援曲を中心に大音量でメロディーを奏でる。演奏のうまさは甲子園出場チームの中でも指折りだ。だが、ブラスバンド部は強豪ゆえ、夏の県大会や甲子園など限られた試合にしか応援に来られない。応援に演奏があるかないかは大違い。そこで、東海大会出場が決まった15年の秋、森田監督はトランペットを吹ける部員を探した。すると、マネージャーの梶浦郁乃が「吹けます」と名乗り出た。森田監督はすぐにトランペットを購入。演奏を依頼した。

「チームに一体感を出したかったんです。マネージャーがスタンドで吹いたら、後援会、OB会、父母会、生徒……みんなに伝わる。スタンドに一体感が出れば、盛り上がるなと思いました。それによって、グラウンドにいる選手も意気に感じるものがあるんじゃないかなと」

実は、森田監督は練習グラウンドでもマネージャーに〝珍指令〟を出している。

「ウチはグラウンドにマイクがあるし、音楽も流します。マネージャーが7人も8人もいたんで提案したんですよ。『選手が頑張れるような、励みになるような歌を歌え』って。さすがに『嫌だ、勘弁してください』と言うんで、できなかったですけどね」

梶浦マネが卒業後、トランペット演奏は後輩のマネージャーに受け継がれた。さらに17年からは父母会の要望で応援用のタオルを制作。これは、16年夏の甲子園・八戸学院光星戦で、スタンド全体がタオルを振る応援に乗って7点差を大逆転したことによるものだ。

「これも一体感を出すためです。一体感が出るようなことは、いろいろやっていかないと」

特に最後の夏は一体感が欠かせない。野球だけやっていても高校野球は勝てない。いかにスタンドも一体となるか。これが見えない力、いつも以上の力を発揮させる原動力になるのだ。

ひとつのミスから学んだ教訓

長年、監督をしていれば、うまくいくことばかりではない。

たったひとつのミス、ほんのわずかなことが敗戦につながることもある。当然のことながら、森田監督も後悔している敗戦がいくつもある。

12年夏の決勝・愛工大名電戦。この年の名電は左腕エース・濵田達郎（現中日）を擁し、センバツ8強。他にも好選手がそろい、夏も優勝候補の筆頭だった。その横綱を相手にエース・丸山泰資（現中日）が好投。8回まで2対0とリードする。ところが9回、無死一塁からエンドランを決められ、一、三塁のピンチを迎えた。ここで森田監督は伝令を送る。

「2点差あったし、スクイズはあったとしても、まさか走ってこないだろうと。万が一、走った場合は1点取られてもいいから、三塁ランナーは無視していい。キャッチャーの柴田（圭輝）には練習試合で三塁ランナーを見て（二塁に）放るのか、ノールックで放るのかをやかましいぐらい言ってきた。あの場面はノールックで放ればいいよと伝令に伝えたんですけど……」

1球目、一塁走者の佐藤大将がスタートした。だが、柴田の送球が一瞬遅れ、盗塁成功。

無死二、三塁と一打同点のピンチに広がった。

「あのとき、名電がスクイズの構えをしたんですよね。柴田はスクイズの構えをされたからランナーを見てしまったんですよ。そこを伝えてなかった。ノールックで放ってればアウトを取れた。『しまった』と思いましたね」

打者の鳥居丈寛は一塁走者の盗塁を助けるバントの構え。柴田はこれに気を取られてしまったのだ。あとアウト3つで甲子園という場面。いつも通り冷静にやるのは難しい。東邦バッテリーはこのあと、鳥居を2ストライクに追い込みながら3球目を暴投。1点差に詰め寄られると、1死後、打者・松岡大介を1ボール2ストライクに追い込みながら4球目に再び暴投。2点リードを追いつかれてしまう。結局、延長11回表に勝ち越しを許して敗れた。

「スクイズの構えをしてもノールックで放れ、というのを伝えてなかった。そこまで、わかってるというところまで確認しないといけない。あの場面は、そこまで伝えなければいけなかった」

考えられること、予想できることがあれば、細かいところまで指示をする。そこまで言わなくても……というところまで伝える。それが、監督の仕事なのだ。

15年の神宮大会・青森山田戦ではこんなことがあった。

3対3で迎えた8回裏の守り。1死無走者で五番打者に対し、カウント3－2になった。松山の投げた6球目はワンバウンドのストレート。これを捕手の高木がはじく（記録は捕逸）。転がったボールを高木が追いかけるが届かず、ボールはそのまま三塁側のベンチに入った。ボールデッドとなると同時に、主審・森は打者走者の二塁進塁を宣告。1死二塁で試合が再開された。

「テイク2と言われたんですけど、ルールは違うんです。テイク1なんです」

森田監督が言うように、実はこれは審判の誤り。公認野球規則にはこうある。

7・05（h）

1個の塁が与えられる場合——打者に対する投手の投球、または投手板上から走者をアウトにしようと試みた送球が、スタンドまたはベンチに入った場合、競技場のフェンスまたはバックストップを越えるか、抜けた場合。

この際はボールデッドとなる。

7・05（i）

四球目、三振目の投球が、球審か捕手のマスクまたは用具に挟まって止まった場合、1個の塁が与えられる。

ただし、打者の四球目、三振目の投球が（h）および（i）項規定の状態になっても、打者には一塁が与えられるにすぎない。

つまり、1死一塁で再開するのが正解なのだ。

このあと、暴投とセカンドゴロで二塁走者は生還。これが決勝点となって東邦は敗れたが、もしルールの誤りがなければ無失点だったことになる。野球には、覚えきれないほどの細かいルールがたくさんある。いつ、そのプレーが起きるかわからない。ひとつの判定で、選手たちの将来が変わるといっても過言ではない。時間を見つけてルールのJK（準備と確認）をする。ベンチにルールブックを常備し、おかしいと思えばすぐに確認する。勝敗を預かる指揮官として、この習慣をつけておくことを忘れてはいけない。

年間通じて投手のコンディションを重視

全国でもっとも厳しい日程の愛知を勝つために――。

森田監督は「投手は複数持つこと、コンディションをしっかりつくること、シード権を獲ること」を挙げた。

まずは、投手について。「はじめに」で紹介したように夏の名古屋は暑い。暑さに加え、大会後半は連戦になることもあり、とてもではないが一人で投げ抜くのは困難だ。複数投手制は絶対。そこで森田監督は年間通じて投手のコンディションを重視している。15年からは愛知医大病院に行き、週1回コンディショニングの指導を受けるほか、メディカルチェックもしてもらっている。

「肩周りや股関節の柔軟性が高まり、故障が少なくなりました。コンディションは以前よりも数段いいと思います」

投手陣は月曜、火曜はノースロー。1年生は月曜から水曜までの3日間ノースローだ。投球練習をする場合も、基本的には球数は100球までにしている。年間通じてのケア、複数投手の起用。そうやって気を遣って指導していても、なかなかうまくいかない。16年夏は右腕・藤嶋、左腕・松山仁彦の二枚看板で甲子園出場を果たしたものの、エースの藤嶋が右ひじの痛みを訴え、甲子園では満足に投球することができなかった。

「ずっとチェックしながらでも、ああなるんですよね。オーバーユースなんですけど。準決勝のときに7回ぐらいから『あれっ』と思ったんです。上に抜けちゃって、抑えが利かないボールが何球か出はじめた。暑いし、ちょっとへばってるのかなと。『大丈夫か？いけるか？』と言ったら、『いける』というので『この試合はがんばってくれ』と。決勝も『全然変わってないです』と言うのでいったんですけど、5回か6回でダメだと思いました。『代わるか？　松山いくぞ』と言ったら、『最後までいきます。いかしてください』と。あそこで僕が代えればよかった。というよりも、準決勝でちょっとどうかなと思ったときに休ませればよかったなと。今、すごく反省してますし、後悔してます」

監督に「いけるか？」と聞かれたら、「いけます」と答えるのが高校生。おかしいと思えば、指導者がストップをかけてあげなければいけない。

「コンディションを整えながらやってきても、大会に入るといつも以上に力が入るんでしょうね。ましてや、あの子は責任感が強い子。『オレがやらなきゃ』というのが人一倍あった。最後だし、自分はプロに行きたい。『この大会でいいとこ見せなきゃ』というのもあったんでしょうね」

この大会の藤嶋の投球イニングは34回。突出して多いわけではない。1年生の夏から投げている〝勤続疲労〟と、気持ちが入りすぎることでの疲労。目に見えない部分も含め、心身ともにケアをしなければ、過酷な夏の愛知は乗り切れない。

6月から7月にかけてピークの状態に

次に、チーム全体のコンディションづくりについて。東邦では、体力強化も兼ねて、毎週月曜日をランニングの日に設定している。学校近くの平和公園にある100段の階段を1時間。タイム制限つきでひたすら走る。あまりのつらさに吐く選手もいるが、妥協はしない。

「月曜日は必ず走ります。よっぽど雷とか、大雨の日以外はやりますね。今日は40度あるんじゃないかっていう暑い日でも、『決めたことだから我慢してやろう』と言ってやる。月曜日が休日で公式戦があっても、試合後に『今日は月曜だから走りに行くぞ』と学校に戻って走りに行きます。生徒は嫌な顔しますけどね（笑）。『明日にしましょうよ』って顔してるけど、決めてるんで。走ったあとは夕方からジムに行って体幹トレーニングが待ってるんです。これは、年間通してやってます。だから、ウチの選手は小っちゃいわりには結構いい下半身をしてると思いますよ。それに、こういうことで『この勝負、絶対負けないんだ』という気持ちの強さもできると思ってますから」

オフに走り込むチームは多くあるが、年間通してこれだけ走り込むチームはあまりない。森田監督は、これが夏の大会にも活きると考えている。かつては6月に強化練習をして選手を追い込む期間をつくっていたが、現在はやめている。いつもより少し多めに打ったり、守ったりと若干の変化をつける程度だ。

「コーチのときなんか、選手をグラウンドに泊めて、夜中の1時、2時までノックをやって、朝も6時には叩き起こして練習をやってました。それを金土日の3日間やって、月曜の朝にバスで学校に行く。やるときは徹底してやるほうなんで、やりすぎちゃうんでダメなんですよね。僕の自己満足で終わっちゃう」

きつい練習をすることで、一度コンディションを落とす。そこから徐々に軽いメニューにして大会に合わせていく。全国を見てもそうするチームが多く、これが高校野球の常識になっている感があるが、はたしてそれが正解なのかどうか。もしかしたら、慣例として続けているだけの人が多いかもしれない。森田監督はあえてそれを変えた。

「きっかけは、チームが弱いときに、これは無理するのやめようと思ったから（笑）。何か違うことをやろうと。普段やってることをやって、大会に入っていこうと思ったんですね。それで特別なことはやらなくしました」

森田監督がコンディショニングを本当に考えるようになったのは、ここ5年ぐらいだという。12年以降、5年間の夏の成績を見ると12、14、16年と1年おきに決勝に進出（14、16年は優勝）。成果が出ているといえる。

ただ、森田監督の言うコンディションは選手個々の状態だけではない。決戦を迎えるにあたってのチーム状態も含まれる。

「甲子園に行ってるチーム、夏に活躍してるチームというのは、練習試合をやっていても6月ぐらいから安定感が出てきますね。反対に、負けるチームというのは6月中旬ぐらいからとりこぼしたりだとか、つまらないミスをします。そういうチームは夏にとりこぼしますね」

その意味で森田監督が思い出すのが13年のチーム。この年の東邦は関根大気（現ＤｅＮＡ）、三倉進、松井聖らホームランバッターがそろい〝１００発打線〟といわれた。５月には打線が絶好調。大阪遠征では関大北陽に23対１、智辯学園に25対１と２試合連続５回コールド。後攻だったために、１日２試合しながら攻撃が８イニングだけだったこともある。６月に入っても勢いは止まらず、大阪桐蔭に13対０、智辯和歌山に17対２と圧勝。甲子園に出れば優勝候補の呼び声が高かった。

「５月の終わりぐらいがピークでしたね。６月に入っても強くて負けなかった。だから、どこかで負けとかなきゃいけないのかなっていう変な思いがあったんですよね」

余計な心配が伝わったのか、７月に入って大会前の最後に行われた常葉菊川との練習試合で連敗する。しかも、負け方がよくなかった。

「負けるべくして負けたんですよね。つまらんミスをして。左ピッチャーを強引に打ちにいったり、相手が動いてくるのがわかってて止められなかったり、パスボールをしたりとか。嫌な負け方したんですよね。振り返ると、６月中旬ぐらいからそういう兆候はあったんですけど」

締めなければいけないと思いながらも、勝ち続けていたことでそれができなかった。結果的には、悪い負け方を引きずったまま大会に入ってしまった。

「やっぱり、つまらないミス、今までなかったことが出るようになってくるとダメでしょうね。夏に勝つには、選手の技術面もそうですけど、チーム全体として6月に入って盛り上がるというか、状態がよくなってくるかどうか。6月から7月にかけてナイスゲームがいかにできるか。安定感のある試合をさせられるかということでしょうね」

常にいいコンディションということはありえない。精神状態を含め、いかに大会に向けて上げていけるか。ピーキングを考えることもまた指導者の仕事だ。

甲子園優勝を目指したチームづくり

そして、大会に入ったあとにこだわるのは、次の試合への準備。一部の下宿生を除き、ほとんどが自宅通学の東邦だが、ここは手を抜かない。

「今日は左ピッチャーを打ちました、明日は右ピッチャーだとなれば、すぐ帰って右を打ちます。今日が右で明日も右でもグラウンドに行きます。例えば、試合が3時、4時に終わり、グラウンドに帰ったら6時になる場合で、次の日の試合が昼からであれば、午前中にやればいいから『今日は休むか』となりますけど、よっぽどのことがない限り、終わったあとは帰って、打って、ミーティングをします。翌日のピッチャーはこうだから、こういうチームだから話してから解散します。これはもう絶対やります。夏の大会で球場で解散することは絶対ないです。記者の方には大変失礼なんですけど、そそくさと（取材は）切り上げます。すぐに帰ってやりたいんで」

夏は報道陣が多い。取材が長引くことでケアをする時間が遅れたり、治療に行く時間が遅れたりすることもある。そうならないため、次の準備をするため。それもまた広い意味でのコンディショニングだといえる。

そしてもうひとつ、愛知で勝つために森田監督が挙げたのがシード権を獲ることだ。第5章で愛工大名電の倉野光生監督が指摘しているが、試合間隔があくことに関しては森田監督も難しさを実感している。実際、ノーシードで試合をしてコンディションをつくることも考えたことがあるという。ノーシードを経験したこともある。そのうえで、それでもシード権を確保したほうがいいと思う理由がある。

「シードは獲らなきゃいけないと思いますね。というのは、大会序盤は学校があるでしょう。学校に行きながらの土日なんですね。そうすると、何か違う。雰囲気的に夏の大会じゃないんですよ。『終業式が終わってからやるのが夏の大会』というような雰囲気が選手に出るんですよね」

愛知県は夏休みに入るまでは平日に試合がない。授業をして試合をするサイクルになるため、どうしても練習試合や秋春の大会のような感覚になる。最後の夏、という〝大会モード〟になるためには、野球だけに集中できる夏休みになって開幕したほうがいいと感じるのだ。では、大会までの土日はどうするのか。

「大学とやったり、大学生のOBを呼んできて、OB戦をやったりしてしのぎます。みんな135キロから140キロぐらいは投げてくれますから。まぁ、週末が雨で流れたと思えばいいんです（笑）」

重視するのは、試合間隔よりも気持ちだ。夏の大会は報道が多い。勝ったあとに学校に行けば、チヤホヤもされる。浮ついた気持ちにならないよう、マイナス要素は減らしたほうが無難だ。いかに大会に集中できる環境にするか。そのためにも、シードを獲るかどうかが重要だといえる。

身体と心、両方のコンディションをいかに整えるか。これができて、はじめて技術を発揮することができる。すべてはコンディションづくり。この成否が、大会の結果に直結するのだ。

最後にあらためて聞いた。夏に強く、粘り強いチームになるために必要なこととは。

「16年のチームは、光星戦だけじゃなくて、享栄戦も9回に逆転してサヨナラで勝ったり、粘りがありました。あのチームは、高いところを目指して本気でやってきた。藤嶋というピッチャーがいたので、周りの選手も『これはチャンスだ。甲子園で優勝するんだ』という気持ちで練習したのが、いい方向に出たと思います。甲子園優勝を目指してチームづくりをする。また、そういう意識を選手に持たせるということですよね。日頃から自分で追い込むことができる者は、やっぱり粘り強いです。それが逆転劇にもなったし、選手が伸びる要因にもなった。本気になって高いところを目指す。これが夏に甲子園に行けるチームをつくる秘訣だと思いますね」

甲子園に行く、ではない。甲子園で勝つ、甲子園で優勝する。高い目標に向かう気持ちがあるからこそ、厳しい練習も乗り越えることができる。より成長することができる。口だけではなく、本気になって日本一を目指す。それが、第一関門である激戦区突破にもつながるのだ。

決勝に出るために、
夏は一戦必勝の精神が一番大事。
決勝に出れば何かが起こる。

第5章

倉野光生

愛工大名電監督

倉野光生　くらの・みつお

1958年11月7日、愛知県生まれ。名古屋電気（現愛工大名電）─愛工大。現役時代は捕手。大学卒業後の81年に母校に赴任しコーチ。97年9月に監督に就任した。甲子園には春5回、夏7回出場し、2004年春準優勝、05年春優勝。工業科教諭。

他校が嫌がるノーシードを歓迎

ノーシードなら8試合。さらに、大会終盤には全国でもっとも過酷な連戦が待ち受ける夏の愛知大会。そのため、春の県大会が重要になる。ベスト8に入ってシード権を獲得すれば、3回戦からの登場となり6試合ですむからだ。各校とも、2試合も〝免除〟されるシード権だけは最低限確保しようと全力を注ぐ。ところが、シード権にこだわらない監督がいる。こだわらないどころか、むしろ、〝ノーシード歓迎〟というスタイル。それが、愛工大名電の倉野光生監督だ。ノーシードの年の成績を見ると、03年は優勝、99年、16年は準優勝。春は8強にも入れていないが、好成績を収めている。なぜ、他校が嫌がるノーシードからそのような成績が残せるのか。どのような考え方で臨んでいるのだろうか。

「2017年から愛知県は7月の第1週開幕になりました。そうすると、シード校は初戦まで3週間試合がない（※16年までは第2週開幕で、試合ができないのは2週間）。それまでは土日は必ず練習試合。それもダブルヘッダーで、3月からあくことなくやってきている。それが突然、大会前だけゲームがないとなると、試合勘が狂っちゃうんですよ。それが怖い。だから試合間隔を考えると、ノーシードもマイナスじゃないと思います」

愛知県の場合、開幕しても夏休みに入るまでは、試合が行われるのは土日のみ。週1試合だけだ。夏休みに入ってから、平日にも試合が入るようになる。大会序盤は、ノーシードでもそれほど負担にはならない。とはいえ、もちろん、条件つきではある。

「シード校よりもピッチャーが余分に投げることになりますからね。16年は疲れちゃって決勝は限界だった（準決勝までにエースが6試合登板。42回3分の2を投げた）。2、3人任せられるピッチャーがいるんだったら、シード校と当たる3回戦は試合をやってできる分、やりやすいと思います」

夏の大会の緊張感はその他の大会の比ではない。まして、初戦となればなおさらだ。2戦目以降よりも番狂わせが圧倒的に多いのはそのためだ。1試合、または2試合戦って緊張がほぐれ、勝って勢いがついているノーシードと、初戦で緊張して臨むシード校の初戦はもっとも実力の差が出にくい状況だといえる。雰囲気に慣れるための試運転程度で、なるべくエースを使わずにその試合に臨めれば理想的だ。

ただ、大会に入るのが早くなるため、それだけ長い間、コンディションを維持する必要が出てくる。17年を例にとれば、開幕が7月1日で決勝が28日。大会の1週目に登場するなら、約1か月間も大会が続くことになる。大会前の調整、大会に入ってからの練習はどうするのだろうか。

「大会の第1週～2週までは梅雨時なので非常に雨が多い。最近は暑さもあるし、6月中旬から7月の前半に追い込みの練習をやるのは難しくなってますよね。じゃあ、何をするかといったら打ち込み。雨でもウチは雨天練習場がありますから。その時期になると学校も半日になって時間がありますしね。そうして、ノーシードで1週間に1回試合ができればいい。試合がないと、どうしても紅白戦をやろうとか無理にゲーム的なことをやるんですけど、チーム内で紅白戦をやると、対外試合と違って意外とうまくいかないんですよね。調整にならないんです」

打ち込みと言うが、実際にはどれぐらい打ち込むのだろうか。

「暑いし、ノックだランニングだというのはやれる時期じゃないから、15年、16年は練習の最初から最後まで、ずーっとバッティング練習をしました。嫌っていうほど打ちましたね。マシンと人が投げるのと両方で、フリーバッティングにシートバッティング。学校は半日なので1時すぎから7時までずーっと打ちっぱなし。それで大会に向けてバッティングが上がっていくんです」

シードで登場した15年は6試合中4試合で2ケタ安打を記録し、チーム打率・382。16年も8試合でチーム打率・332をマークした。打撃だけではない。大会に向けたピッチャーの調整方法も独特だ。

「5月までは目一杯投げさせて、6月からは調整に入っていきます。あまり投げさせないで休ませてる感じ。なるたけ肩が軽いぐらいの感じで大会に入っていくというイメージですね。練習試合でも完投させることはありません。暑い中でやれと言いますけど、そこでオーバーヒートすると、夏の大会までにコンディションが狂っちゃうので。6月に入ったら主軸は先発で5回とか、最後に出ていって3回とか、土日の連投はさせないという使い方。平日もフォームチェックぐらいで50~60球ですね。ウチはピッチャーフィールディングとかボール回しとか、投球ではなくて肩を使うことが練習メニューに入ってますから。その代わり、そこで二番手、三番手を鍛えます。

高校野球は3月から11月までがシーズンですけど、1年中ピッチャーにいいコンディションで投げろというのは難しい。半年間でも難しいですよね。プロでも、先発は1週間に1回のコーテーションで投げても、1年間を通じてずっとよくて20勝近くいくピッチャーはほとんどいません。一流のプロでもシーズン通じて絶好調というのは難しい。高校生もいっしょで、春も夏も秋もというのは難しいので、どこかに照準を合わせることが必要。夏の1か月に合わせるために、春からずっとやっていく。秋によくてセンバツまで持ちこたえても、そのあとはダメになっちゃいますね。ピッチャーのつくり方が一番大事。どういうふうに大会にもっていくか。大会中どういうふうに維持していくか」

そもそも、高校生は投げすぎだ。夏休みに新チームが結成されると、練習試合が許されている11月いっぱいまで投げ続けるのが当たり前。参考までに17年のセンバツ出場校を見てみると、新チーム結成時からアウトオブシーズンに入るまでの約4か月間で、三浦銀二

（福岡大大濠）が218回、安田大将（東海大福岡）が193回3分の2、難波侑平（創志学園）が192回、小比類巻圭汰（不来方）が191回3分の2を投げている。年間162試合行われるメジャーリーグでも、200イニングを投げるのは各リーグ10人前後（16年はナ・リーグ6人、ア・リーグ9人）しかいないことを考えると、異常な多さといえるだろう。これだけ投げて、なおかつ調子まで維持するのは並大抵のことではない。

だが、大会前の6月に投球回数を制限すると、必ずこんな声が聞こえてくる。「投げ込みをしたほうがいいんじゃないか」「連投の練習をしたほうがいいんじゃないか」「完投していないと不安になるんじゃないか」などなど。倉野監督はそんな意見を一蹴する。

「大会に入れば連投もできちゃいます。公式戦はスイッチが入っちゃいますから。自分が投げないかんと思ったら投げれちゃいます。マラソン選手に3日間連続で42・195キロ走れと言っても無理でしょう。1回走ったらしばらくは休まないといけない。それと同じことを要求してるようなもんです」

もちろん、大会での連投は、5月までにしっかり投げているからできること。アドレナリンやテンションだけではなく、準備ができているから連投ができるのは間違いない。

「5月はブルペンでも練習試合でも目一杯投げます。個人差がありますけど、ブルペンでは、エースの球数は100球ぐらい。昔は200だ、300だと言ってましたけど、今は100球以上要求することはあまりないですね。ブルペンに入らないのは月曜（練習が休日）と水曜（トレーニング日）。それ以外の5日間は投げます。下級生はゲームで投げられるぐらいになっていればたくさん投げさせますけど、そうじゃなければシャドーピッチングとかフォームづくり。無理やり投げさせるよりも、まず投げる身体の動かし方を覚えないといけませんから」

甲子園につながる心身両面でのコンディションづくり

とはいえ、倉野監督も以前からこういう考え方だったわけではない。かつては暑い中でもたくさん投げさせ、「肩をつくれ」と言っていた。変化したのは、小中学生の野球事情が変わったのが理由だ。

「子供たちが小中学校から硬式をやるようになって、連投を経験していないとか、投球イニング制限があるとかいうケースが増えた。彼らは毎日投げていなくても（※硬式チームの多くは毎日練習をしない）、土日に投げているだけでゲームになるんだと。毎日投げ込んで、なおかつ試合をやって、これを1年間やったら逆につぶれちゃうという思いでやってます」

ちなみに、名電の投手陣は投内連係やボール回しの他にも、野手といっしょに練習する機会が多い。投手と野手で完全別メニューというチームが多い中、そのようにしているのにはちゃんとした理由がある。

「別メニューにすると、ピッチャーの野球の基本能力が落ちちゃう気がする。ブルペン、トレーニング、ランニングだけだと動けなくなっちゃうんですよね。やっぱりバッティングに入ったり、走塁に入ったり、いろんなことをしていかんと野球センスがなくなっちゃうと思います」

かつてはエースで四番が多かったように、もっとも能力の高い選手が投手をやったものだが、近年は打つセンスも守るセンスもなく、投げることしかできないから投手をやっている選手が増えている。だからこそ、〝投げるだけの人〟にならないように野手といっしょに練習する機会を多くしているのだ。

では、大会に入ってからの調整法、注意点は何だろうか。

「ピッチャーは感覚さえよければ30～40球で、試合前にブルペンで投げるぐらいの投球数。これも、なるたけ投げるな、投げるな。本人が調子を上げたいとか、調子が悪いとか思うと『たくさん投げんとダメ』と思うんですけど、そうすると余計おかしくなります。それだけの実力しかないんだから。あとは身体の維持だけで、投げ込んでよくなることはない。投げれば投げるほど、不安になっておかしくなるから、６～７月は投げ込みはしません」

コンディション維持にも十分に気を遣っている。

「通年、週1回は専属トレーナーが来て、肩とか腰のチェックをします。それと、練習試合を含めてちょっと多く投げたなとか、大会前になったら、スポーツトレーナーのところに行かせてマッサージをしてもらう。できるだけ疲労を残さないようにということで、これは頻繁に行います。あとは練習のあと、試合のあとに投球日誌を書かせること。球数、調子、今考えていることを簡単に書かせて、大会前から大会中にかけてほぼ毎日チェックします」

練習から球数を多く投げさせず、肩ひじのケアを徹底してやって、やっと夏の愛知大会を投げ抜くことができるのだ。では、大会中の投球イニングに関してはどう考えているのだろうか。

「16年なんか、1試合も手が抜けなかった。ノーシードのウチのゾーンに甲子園経験校が全部入っちゃったから（2回戦が至学館、3回戦が豊川、4回戦が中京大中京）。『今日負けたら終わり』となったら、エース投入となっちゃいますね。エースの理想は8試合で30イニングぐらいだけど、ちょっとそれは不可能でしょうね」

横浜高校の小倉清一郎元部長は「甲子園で上位を狙う年はピークを県大会の準決勝にもっていく。エースの投球回数の理想は準々決勝までに18イニング程度。多くても22イニングまでにする。ベストの状態がもつのは1週間ほどだから」と言っていたが、これは好投手が複数いる横浜だからできること。なかなかマネはできない。

「フラフラになっても決勝に行けば、相手もフラフラ状態で同じ状況かもしれない。負けるときは相手に余裕があってこっちはフラフラだけど、決勝に出ないことには甲子園はないですからね。まずは優勝するよりも決勝に出ることが第一条件だと思います。決勝に出れば間違って勝つこともある。決勝に出んことには、絶対勝てないですから（笑）。先のことよりも現在ということでやっていかないと、ベスト8からの戦いは先を見ちゃうとやられちゃう。愛知県のベスト8以上はどことやっても強いので気が抜けないですよ。気を抜いたほうが負けちゃう。愛知県はベスト16〜32ぐらいから力がある。トップレベルの抜群の強さはないけど、他県に比べると30校ぐらいはそこそこ強いんです」

決勝にかけて徐々に調子を上げていくのが理想だが、初戦から明らかな格下と当たるとは限らない。そのため、ある程度仕上がった状態で大会に入るようにしている。

この他、大会中のコンディションづくりとして欠かせないのは睡眠だ。名電は全員が寮で生活している。大部屋に二段ベッドがずらりと並び、全員が同じ部屋に寝ているが、その部屋には冷房がない。以前は扇風機をつけて寝ていたが、近年の猛暑でそれも限界。数年前から冷房のつく別の大部屋に全員で寝るようにした。涼しい部屋でぐっすり眠るほうが、疲れは取れるからだ。また、大会中にはときどき寮で食事をせず、あえて外食する日を設けている。

「栄養を摂らせるために外食します。一番カロリーが高いのはイタリア料理。サイゼリア

（笑）。あそこでドリアとスパゲティとフライものを食べさせたら、カロリーは十分摂れます。しゃぶしゃぶやすき焼きより食べやすいですしね」

名電では年間通じて毎日体重を計るなど、体重管理は意識して行っている。だが、暑い夏は水分ばかり摂って、食欲がなくなる選手がいるので注意が必要だ。

「夏は1試合で2キロぐらい、『えーっ』っていうぐらい減ります。食べたらすぐ戻りますけどね。5回戦、ベスト8あたりで（試合間隔が）あいたり、または雨で延びたりしたら外食。大会中の調整は神経を使いますね」

もちろん、外食する理由はそれだけではない。

「普段と違って外食だと選手も喜びますから。それと一体感を出すのに、人間『メシを食おう』というのはいい。レギュラーもベンチ外もいっしょに行く。ウチは合宿所生活だから、外に食べに行くのは特別なことなので。この他には、精神的な意味もあるんです。大会中は気持ちが入りすぎちゃって余計なことを考えちゃうから、ちょっとどこかで気を抜く時間をつくってやらないとダメ。ずっと合宿所にいると気が滅入っちゃうんです。以前は映画なんかに行ってました。（試合と試合の間が）3日あくと休養を兼ねて行く。2日じゃダメなんです。3～4日あくと練習、練習と思うんだけど、そこで休む。あとは昔の名電の甲子園のビデオは見させますね。先輩たちがどうやって戦っていたか。それを見て大会の雰囲気を感じて入っていけると。見ると強い名電のイメージを持つようになります」

リラックスしたり、プラスのイメージを持ったり。心身両面でのコンディションづくりが甲子園につながるのだ。

バントと走塁を重視する野球に180度転換

バント、バント、さらにまたバント――。

04年から05年にかけて、名電のバント戦法が甲子園を席巻した。04年のセンバツは準優勝。05年は優勝。犠打の数は04年が33個、05年が26個。04年の初戦・立命館宇治戦の1試合10犠打は、犠飛を含まないバントのみの数字としては大会新記録だった。現在はこのときほどのバント戦法はしていないが、それでもバントが続いたり、バントが多かったりすると「名電得意のバント戦法」などと言われる。10年以上たっても脳裏から消えない。それほどインパクトは強烈だった。

機動力を前面に出した攻撃をする健大高崎の〝機動破壊〟でもわかるように、インパクトの強さと個性の強さは比例する。「あの学校はこういう野球をする。だから、こういう対策が必要だ」。戦う前から相手にそう思わせるだけで、精神的優位に立てる。まさに名電のバント戦法がそうだった。何の特長もない相手に対して警戒する人はいない。個性があるから警戒する。個性があるから、相性も生まれるのだ。

インパクト、個性、特徴のあるチームづくり。もちろん走攻守の三拍子そろったチームが理想だが、現実は難しい。それなら、何を武器にして戦っていくのか。何を捨て、何を伸ばすのか。これを考えるのが指揮官の役割だ。実は、名電のバント戦法もチームが理想通りにいかないからこそ生まれたものだった。

「堂上兄とかがいて、秋の大会のチーム打率がナンバーワン。あれだけの選手をそろえて、打ち勝つ野球だと言って甲子園に行ったけど、ホントに打てんかった」

02年のセンバツは、2年生スラッガー・堂上剛裕（現巨人）を擁して出場校中2位のチーム13本塁打の重量打線で乗り込んだが、新湊の左腕・京須啓介の前に4安打で1点しか奪えず初戦敗退。翌03年のセンバツも堂上を中心に出場校中ダントツのチーム打率・416、25本塁打の圧倒的打力で臨んだが、初戦の国士舘戦は1対0で勝ったものの、打線がわずか2安打と沈黙。続く近江戦は8安打しながら完封負けを食らった。さらに03年は夏もチーム打率・384、9本塁打の猛打で愛知を制するが、甲子園では鳥栖商に5安打で1点しか奪えず初戦敗退に終わる。

「『打の名電』の看板は外せないと練習しました。ところが、豪打と自負してきたのに甲子園で打てない。もっとバージョンアップしたと思ったら2安打に抑えられる。これで打てないんだったら、誰だったら打てるんだと。『甲子園で打てる選手はおるんか？』と思うぐらいショックでしたね。だから、今でも甲子園は打てるところじゃないというイメージが強いんですけど。打つことだけにこだわっても勝てやせん。走塁とバントが必要だと。WBCでもジャパンが優勝したときは、〝スモールベースボール〟という言葉が頻繁に出てきましたよね。『世界を制するため、メジャーに勝つためには、日本の野球はスモール野球だ』と言っていた。ところが、17年はそれが一言も出ない。打てる選手、飛ばせる選手がいて、『日本の中でもメジャー級に実力がある選手がいるから打ち勝て』という雰囲気で結局ダメだった（準決勝でアメリカに1対2で敗退。打線は4安打）。打てないで終わった。スモールイコール小さいではないんです。確実な野球をしていかなきゃいけないということ。豪快な野球は結果であって、それを求めてやってるわけじゃない。ホントは豪快に勝ちたいですけどね」

打てずに負けることが続いたことで、倉野監督は思い切って野球を変えた。中村豪前監督時代からの〝豪打・名電〟の看板を下ろし、バントと走塁を重視する野球に180度転換したのだ。甲子園で結果が出ず、さらに打撃練習をしていたら、当時の理事長に「まだバッティング練習やってるのか！　バント練習をやれ」と言われたこともあったが、それでもここまで大きく変えることは勇気が必要。なかなかできることではない。

「自分が『こういう野球なんだ』と言っても、選手や環境がそろわないとできない。僕はバッティングのチームというのは、お金と時間がかかると思います。ボールもバットもたくさんいる。金属バットでもすぐ割れますから。ボールとバットにそんなにお金かけられないですからね。ボールが何千個もあって、1時間打ちっぱなしとかできない。ウチは雨天練習場がありますけど、いくらいい環境があっても、ホントに打つチームをつくろうとしたら、財力が必要。ボールを打たないと、スイングだけでは打つチームは無理だと思います」

もうひとつ、倉野監督が感じる打つチームの欠点がある。練習で常に多くの数を打っているため、甲子園入りしてからの練習で打つ数に大きく差が出てしまうことだ。甲子園では練習が2時間に限定される。さらに、地元の高校のグラウンドや球場を借りて練習するため、数多く打てる環境が整っていない。近畿のチームは自校のグラウンドに戻って普段と同じように練習できるが、近畿以外のチームはそうはいかない。

「遠いところは不利ですよ。準備していっても、だんだんバッティングが下降線になっていっちゃう。普段打つのが当たり前になってるから、打ってないと選手が不安になるんですよね」

豪打・名電の伝統を継承するよりも、勝つために最善な策は何かと考えた。その結果が、打てなくても点が取れるバントと走塁だったのだ。

「ウチがバントをしたときは足の速い選手がいた。バントで内野安打を取れる選手が2、3人いたんです。そういう選手が一人もいないのに、バントしていたらみんなアウトになっちゃいます（笑）。いる選手と環境に合わせてやり方を考えないといけない。コンスタントに同じ特徴を持つチームづくりができているチームは、選手もある程度そろうし、練習できる環境を持ってるんだろうと思います」

もちろん、バントのチームといってもすぐにできるものではない。大きく方針を変えることで、戸惑う選手もいる。中には受け入れられない選手もいる。

「最初は『バントやれ』と言ってもやらないですからね。『失敗してもいい。やりにいけ』と言ってもやらない。バントしてアウトになったらもったいないと思うんですね。打ちたくてスイング練習もしてるわけですから」

極端なことをやると、周りからは雑音が聞こえてくるようになる。「バントばかりやらせて選手が伸びない」と批判するマスコミもあったが、倉野監督はぶれなかった。一度決めたらやる。徹底する。すぐにできなくても、できるようになるまでとことんやる。我慢してやり続けることが大事。通常のバント練習の他にも、走者をつけてシート打撃ならぬシートバントをやった。形をイメージする〝シャドーバント〟もやった。練習を重ねると技術が上がり、視野も広がる。どこにどう転がせばセーフになるか、選手たちが考えるようになった。

「勝手に考えるようになりましたね。打てと言ってもバントしたり。最初は監督主導で細かな作戦をやっていても、それをやることがおもしろくなってくる。裏をかいてバッテリーを翻弄する、壊すのが楽しくなってきて、どうやってバッテリーを崩すかみんなが考えて動くようになった。試合に勝つより、相手を崩すのが楽しいという感じ。ほっといてもやるようになりました」

この領域に達して、はじめて個性として成立するといっていい。逆にいえば、ここまでやらなければ、相手から警戒されるレベルにはならないということだ。最初は嫌々でも時間をかけ、我慢をして、選手たちがその気になるまで待つ。少しやってすぐにやめてしまう人が多いが、個性をつくるには、指導者の覚悟が必要なのだ。

大会中に3回ある〝死線〟を乗り越える

個性を前面に出したことで悲願の全国優勝を達成した。だが、強い個性を出して結果を残すことで注意しなければいけないこともある。

「優勝したいいチームができると、どうしても監督ってまたそれと同じ野球ができると思っちゃうんですよね。あのメンバーで、あのやり方で優勝した。だから次の年も同じような形がいいと思って、選手がいないのに同じようにさせちゃうんですよ。イメージがつきすぎちゃって、次のチームに同じ要求をしてしまう。そういう器の選手は毎年はそろわないから。その年にいる選手の個性と実力に合った戦法をしていかないといけない。勝った先輩を見て後輩は育つから、似たチームはできますけどね。ずーっとやっていくと、どんどんできなくなっていきます。どこかでパッと転換しないと。勝ったときのチームを忘れて、新しいチームをつくっていかないといけないんじゃないかと思ってます」

センバツでは04年準優勝、05年優勝と最高の結果が出た。ところが、夏は04年が県大会の準決勝で中京大中京に1対2で敗退。05年は甲子園に出場したものの初戦で清峰に敗れたことで、倉野監督は再び方針を転換した。06年以降は夏に照準を置き、センバツ出場は12年の1度だけ。一方で夏は06、07、12、13年と4度出場している。

「バント戦法はよかったけど、研究されて警戒されます。それと、選手もホントは打ちたいですからね。夏になると打ちたい。バッティング練習をこれだけやってきて、まだバントかよっていうのがあるので、センバツのように決まらないんです。それと、1点、1点取っていってもガバーンと（大量点を）取られちゃったら試合展開が変わっちゃうので夏には通用しない。やっぱり夏は打てないと勝てない。その『打つ』というのは、機動力も含めてですけどね」

個性を重視した戦い方は勢いが出る。だが、結果が出たあとは研究されることに加え、選手たちにマンネリ化が出てしまうことで勢いが止まり、停滞する時期がくる。それを予測したうえでチームづくりができるかどうか。監督も選手も変化を楽しめるかどうかがカギになる。

大会に入ると、倉野監督が選手たちに必ず言うことがある。それは、「大会中、死線が3回ある」ということだ。文字通り生きるか死ぬかを決める重大なポイントとなる場面。そのため、倉野監督は〝死戦〟と言うこともある。

「『もうあかんな、ここで踏ん張れなきゃ、ここで終わりだぞ』というデッドゾーンが大会のうちに3回あるんです。1試合の中でそれが3回出ることもあるし、毎試合出て3回ということもある。まったくそれなしに勝つことは絶対ない。選手にはいつも言っています。伝令を出して『これは1回目の死線だよ。ここで耐えろ。ここで耐えるために場面をつくってくれたんだ。だからピンチじゃないよ。お前たちが試されてるんだから、ものにして次につなげよう』と言います。そう言ったら冷静にいける。3回の死線をものにできるか。これを野球の神様に見られてるんだから、そういう思いで戦えということですね。これは教え込んでます。大会に入ると絶対言ってますね」

これまで何度も死線を乗り越えた試合があったが、その中でももっとも印象に残るのが堂上直倫（現中日）が3年生だった06年夏の準決勝・春日丘（現中部大春日丘）戦だろう。3対6とリードされて迎えた9回表も簡単に2死。あと一人の状況に追い込まれたが、ここから一挙5点を奪って逆転。翌日の新聞には〝奇跡〟、〝ミラクル〟の文字が躍った。

敗色濃厚の9回2死。ベンチで泣いている選手もいる中、打席に入ったのが堂上だった。初球を叩いた打球は三遊間の深い位置へのゴロ。捕球したショートが懸命に一塁へ送球する。ヘッドスライディングで一塁に飛び込む堂上。アウトと言われてもおかしくないタイミングだったが、堂上の必死の姿に審判の手は左右に広がり、首の皮一枚つながった。のちに、審判が「堂上で終わらせるわけにはいかないだろ」と言ったと噂されるプレー。実は、これこそが倉野監督の狙いだった。

当時の堂上は、超高校級スラッガーとして全国でも屈指の打者という評価を得ていた。事実、秋の高校生ドラフトでは中日、巨人、阪神から1巡目指名を受けている。堂上のクジを外した巨人が指名したのが、光星学院（現八戸学院光星）の坂本勇人。坂本よりも評価は上だった。それだけに存在感は別格。これを活かさない手はない。そこで倉野監督が打って出た手が8回表の代打だった。2死無走者で打順は九番・投手の高須諒。普通なら代打を出す場面ではない。たとえ凡退しても、9回表の攻撃が一番から始められるからだ。だが、このときは一番から始まるのは都合がよくなかった。堂上の打順は四番。一番から三者凡退で終わると、堂上に回らずに終わってしまうからだ。

倉野監督が代打に送ったのは林煕朝。林は「堂上に回せ。あいつに回せば何とかなる」と叫ぶベンチの選手たちの期待に応え、レフト前ヒットで出塁した。これで9回に堂上に回ることは確定。だが、この日3人目の投手で、実質二番手の高須を代えてしまったことで、名電の投手陣は苦しくなった。8回裏のマウンドに登ったのは、大会初登板となる桑幡拓也。だが、この桑幡が完璧な投球で0点に抑え、倉野監督の賭けは成功した。9回の攻撃が始まる前、倉野監督は選手たちにこう言い聞かせた。

「勝ってるチームは勝ちたくて、必ず勝ち逃げしようとする。みんな逃げてるぞ、追うんだ、追う者強しだよと。勝ちたい、勝ちたいで必ずスキが出る。だからその一瞬のスキが勝負。絶対あきらめるなと。春日丘はこれで試合が決まるという最後にもろい。スリーアウト目が取れないから、最後、あと一球になっても崩れる可能性がある。つなげ。心でつなげ」

春日丘は前々日の準々決勝・東邦戦で、9回表に2点リードを守れず4失点して逆転されている（その裏に追いつき、延長12回サヨナラ勝ち）。必ず最後にスキが出ると、試合前から言い聞かせていたのだ。そうやって堂上につなぎ、堂上が執念のヘッドスライディングでセーフをもぎ取った。スターの必死のプレーで球場の雰囲気が変わる。続く木村篤史が左中間へ二塁打を放つと、キャプテンの石黒元都がライト前に落として二人が還り1点差。なおも2死一塁という場面で、倉野監督は打席に入る打者にこんな指示をした。

「打つな」

あと一人から窮地に立たされた春日丘のエース・龍功二は制球が定まらない。小沢一起、佐々木大輝と二人が四球を選び、満塁。ここで投手の桑幡に打席が回る。点を取るしかない名電は2年生の古川雄基を代打に送った。倉野監督に「代打、僕がいきます」と直訴した古川は、大会初打席ながらカウント1‐1からのストレートをとらえる。打球はライトの頭上を越える三塁打。3人が生還し、ついに名電が逆転した。

「最初から打たせずに待って、待って、待つ。いい球が来たら打つんじゃなくて、試合を延ばすという感じ。龍君がかなり動揺してましたから」

勝ちを焦ったのは龍だけではない。ライトがかなり前に来ていたことも、走者一掃の三塁打になる要因だった。9回裏は「お父さんが亡くなって、心意気だけはあるとベンチに入れた」（倉野監督）という草深真也が完璧な投球で締めて、奇跡の大逆転劇は完結。名電は翌日の決勝も愛産大三河を4対0で退け、2年連続の甲子園出場を決めた。

「今も試合中に『つなげ』と言ってますけど、このときとは気持ちが違いますね。『絶対出ろ』と言ってヒットで出た林が殊勲者でしょう。奇跡が起きたのは、選手たちが練習で一球の大切さをわかっていたから。堂上がセーフになって『何かが起こる』となった。9回2アウトランナーなしからの逆転は初めてです」

最大の死線を乗り越えることができたのは全員の力。みんながヒーローにならなければ、窮地から這い上がることはできない。

夏は一戦必勝の精神が一番大事

この他、夏の大会を勝ち抜くにあたって、倉野監督が考える大事なことは何だろうか。

まず考えるのは、夏独特の雰囲気に慣れることだ。

「夏の大会に入ると応援団、ブラスバンドが来て歓声が尋常じゃない。まったく声が聞こえないし、一球でワーッとなったら、選手も歓声に呑まれちゃう」

そうならないために、倉野監督はあえて時間をつくり、メンバー全員に試合を観に行かせることにしている。

「次に対戦する相手はもちろん、いいカードで観客が多いときに観に行きます。スタンドで他のチームがやってるのを観て、音を聞いておく。雰囲気を感じるのも大事ですよ。予行演習ですね。何もなしでパッと試合になると、（雰囲気に押されて）うわーっとなる。それでオタオタしてたら、最初の3回ぐらいで終わっちゃいますから。監督は何度もやってるけど、選手は初めて。何も知らない、未経験だという観点でこちらが考えていかないと。自分が経験を積んでいくと、そういうことを忘れちゃうんですよね」

取手二、常総学院で甲子園優勝3度の木内幸男元監督も、「応援の太鼓の音が腹に響くんだ。春の大会でも、応援がある中で試合するのが大事なんだよね」と言っていた。夏の雰囲気にいかに慣れるか。ＪＫ（準備と確認）をしておくことが必要だ。

試合に入ったら、一戦必勝の気持ちを忘れないよう、自分にも選手たちにも言い聞かせている。

「愛知県の場合、ベスト32以上はどこも強い。1回戦から決勝のつもりで戦わないと、足もとをすくわれてコロッとやられるのは当たり前です。決勝に出るために、夏は一戦必勝の精神が一番大事。決勝に出れば何かが起こる。キャリアがあったり、いいチームになるとみんな先を読むから（エースを）温存したり、采配が甘くなってやられるんです」

取りこぼしは慢心から生まれる。一発勝負の怖さを忘れてはいけない。そのうえで監督として考えるべきは誰を起用するかだ。

「その大会によって調子がいい選手、力を出せる選手とそうでない選手がいる。信頼してるレギュラーでも必ず一人、二人は絶不調になる選手がいるんですよね。それを見極めて采配しないといけない」

高校生の場合、一度不調に陥ると、その大会中に劇的に復活することはあまりない。

「3年生は使命感があるから、それにつぶされちゃうんです。よく責任感というけど、そうじゃない。やらなきゃいけないという使命感ですね。だから意外と1、2年生がはつらつとやれることがある。でも、長いこと戦っていくと、最後は使命感のある3年生が何とかするんですよね。キャリア、状況によって立場が違う。最後の大会だからこそ、それを考えてうまく使っていかないと。全部3年生とか、下級生というのはもろいですよ。全部3年生だからいいと思ったら、みんなガチガチになっちゃう。だいたい初ヒットとか初打点とか、大会が始まって最初に活躍するのは下級生。それから3年生が目覚めて力を出してくる。大きい大会では若い力は必要ですよ」

では、個人ではなく、チーム全体で打撃不振に陥ってしまったときはどうするのか。大会では、必ず打てない試合が出てくる。不振とはいえなくても、打撃が崩れていると感じた場合はどうするのだろうか。

「(県内、または全国の)一番いいピッチャーに合わせて一生懸命、速球やスライダーの練習をするんですけど、1~3回戦あたりで球速が100キロぐらい、全部変化球、アンダースローで『こんなボール打ったことない』というピッチャーが絶対出てくるんですよね。だから、バッティングもただ単にいいピッチャーを打つための練習だということでやっていると、ハマっちゃって困ることがある。そうならないために、大会に近づいていくにしたがって人間が投げるボールを多くしますね。5月はマシンで数をたくさん打ちますけど、大会へ向け、徐々に中身を重視して練習します」

それでも変則投手にハマってしまい、崩れることもある。そのときは、スパッと切り替える。

「そこで、このチームは打てんと考える。（それまでは打てると思っていたチームでも）戦法を変えていくしかないですね。きっちり守ってスクイズで点を取るとか、一か八かで機動力を使うとか、打順を変えるとか。そのために、6月までにいろいろやっておく。このチームは本当に打てるチームなのか、そうじゃないのかは見極めて大会に入っていかないといけない。一生懸命練習したから、（打撃の状態が）上がってくるというのは大間違いです」

打てないからといって、過度な打ち込みをするとかえってマイナスになることもある。それよりは、監督が状態を見極め、できることを選択する。いつも理想通りにはいかない。臨機応変に対応することが大切だ。

投手にはこんな話をする。

「勝ちたければ夏は技巧派になれ」

大会終盤は3連戦になることも珍しくない愛知県。5日で4試合ということもある。そのときに全力投球をしていては、とても最後まで投げ切ることはできない。

「スピードガンと勝負するようなピッチャーは、夏は勝てないですから。スピードを落として投げろと。（複数投手を抱えていても、エースには）あくまでも一人で9イニングを8試合投げるだけの体力をつけろということ。ストレートだけ投げてると打たれるので、緩い変化球でストライクを取って、打たせるようにはうるさく言います」

夏の大会となると、マスコミの報道が増える。彼らは話題づくりのために派手な見出しをつけることも珍しくない。注目されている投手ならなおさらだ。

「夏は完封すると、『完封　名電圧勝』と出ます。これで『次も何個三振を取ろう、いいピッチングをしよう』となる。そうなると3試合でダメですね（笑）。大きく報道されると、こちらがダメだと言っても、『三振を取りたい。何キロ出したい』となっちゃう。『三振は取らんでいい。スピードガンと勝負するな』と言い聞かせないといけない」

なんといっても高校生はまだ子供。近年はＳＮＳも発達しており、かつてよりも情報過多になっている。周りに乗せられて自分を見失うことがないよう、あくまでもチームが勝つために何をするべきかを言い続けなければいけない。

倉野監督で忘れられないのは、13年夏に甲子園に出場したときのチームづくりだ。前年は花巻東・大谷翔平（現日本ハム）、大阪桐蔭・藤浪晋太郎（現阪神）と並んで〝高校ビッグ3〟といわれたエース・濱田達郎（現中日）を中心に好素材がそろっていたが、このチームは小粒だった。そこで倉野監督が打ち出したのが〝ＡＭＢ47＋5〟構想。ＡＭＢは愛工大名電ベースボールの略。47は部員、5はマネージャーの数だ。ＡＫＢ48にならって、投票でベンチ入りメンバーを決めたり、ポジションごとにじゃんけんをして練習に参加できる順番を決めた。シート打撃の場合なら、ヒットを打てば続けて打てて、2打席凡退すると次の選手と交代。ヒットを打ち続ける限り、永遠に打てるという仕組みで練習した。

このチームの中心は、立命館大に進学後、ノーヒットノーランを2度達成した左腕エース・東克樹だったが、170センチ70キロと小柄だったこともあり、マスコミの評価は好投手止まり。スター扱いはされていなかった。濱田という大エースに頼る面があった前年とは違い、選手たちは一人ひとりがやるべきことに集中した。倉野監督も選手の特徴を見極め、適材適所の選手起用。185センチ86キロの右打者・若原翔平は、右投手のスライダーに弱いという理由で相手が左投手のとき限定で起用され、7打数6安打の打率・857と驚異の成績を残した。個々の能力ではなく、〝チーム〟として戦ったことが2年連続の甲子園につながった。その原動力となったのは、AMB47+5。わかりやすい指標があったことで、選手たちもまとまった。

「大会中にチームのスローガンじゃないけど、方針、指針、カラーが言葉で出てくるチームというのは強いですよね。その言葉は『こういう野球をしよう』と言って、大会前や大会中にチームのイメージができてくる。みんなが言ってる言葉とか、選手が考えてる動きとかをひとつの単語にしていくんです。今の子たちは、そういうのに乗せられるというか、好き。こういうやり方が合ってるんですね」

キャッチフレーズがあれば、イメージがしやすい。イメージがはっきりしていれば、やるべきことも明確になる。これが、選手たちがぶれずにやるべきことをやる要因になる。

甲子園出場決定後、倉野監督はチェック柄にＡＭＢ47と入った帽子をつくった。こんな遊び心もまた選手の心をつかむのには有効なのだ。

監督自身も試練を乗り越えて成長する

指導者が成長しないと、チームも成長しない——。

倉野監督がそれを実感したのが、監督になって4年目だった。16年間のコーチ生活を経て、１９９７年秋に監督に就任。1年目の98年夏に早くも甲子園出場を果たした。ところが、翌年から成績は下降線をたどる。2年目は準優勝、3年目はベスト4、4年目はベスト8。甲子園から徐々に遠ざかっていった。

このままではいけない。そこで始めたのが、山登りだった。

「壁を打破する方法というのは、監督の手法というものをどうやって自分が求めて、どうやって見出すか。自分が行き詰まったとき、僕の場合は野球以外のところだったんです。それまでは野球界の立派な人の話を聞いたり、本を読んだりしてました。だからこそ、まったく違うインパクトのあるものを求めるために、違うジャンルを選んだんです」

停滞の原因は、1年目の成功体験にとらわれたことだった。投手のタイプ、クリーンナップを打つ打者の特徴、打順の組み方……。勝ったチームと同じようなチームをつくろうとした結果、同じチームはつくれず勝てなくなった。登山であれば、同じ山を登るのにも、季節、天候、当日の体調などさまざまな条件によって歩き方が変わる。頂上へのルートも、進むスピードも変わる。環境の変化に気づき、対応していかなければいけない。いつも同じではてっぺんに立つことはできない。

「たいがいの人がたとえ話で『頂点に立つ』とか『山の頂を目指す』とか『山を越える』とか言うでしょう。それを体験したかった。一番過酷であり、未知の世界だったから」

初めての登山は標高1500メートルの上高地。初級コースと聞いて選んだが、実際の山は想像を超えていた。半分も登らないうちから体力的にきつくなり、足もつった。見たこともないような急な坂を這うように一歩一歩登った。この経験が指導法を変えることにつながる。

「山はすべて自分の判断。場合によっては、頂上が見えていても引き返さなきゃいけないこともある。判断を誤ったら命取りですからね。でも、野球は失敗してもやり直しがきく。失敗してみることも大事なんです。それからは、あまり生徒のことを怒らなくなりました。昔より寛容になったことは間違いないですね」

山登りから得たこと、学んだことはたくさんある。例えば、不安な心理状態を経験することの大切さだ。

「自分が試合に出てるわけじゃないもんだから、選手だったときはどうだったか忘れちゃってるんですよね。だから、選手の心理状態を常に自分で確認する意味で山に登る。僕は選手で甲子園に行く経験もなかったし、いろいろ思い出そうとするんだけど、指導者になると選手だったときの心理状態を忘れちゃうんですよね。言った通り全部できちゃうと思っちゃうもんだから、錯覚する。こっちは緊張していないのに、『何でここで緊張するんだ？』と言いたくなったり。決勝前夜なんか、山へ行く前夜の準備みたいなもんですよ。山に初めて行くところは、何回地図で見ても不安だから。行ってみないとわからないから。山に行くと携帯電話は途中で使えなくなっちゃうんです。『電波があるから大丈夫』と言われていても信用できない。気温がマイナス10度とかになると、充電が満タンでも一瞬のうちに作動しなくなるんです」

他には、目標設定の仕方。

「山登りも途中、野球でいう7回ぐらいからが体力的に一番えらい（つらい）ですね。10ある行程の7ぐらい。頂上が見える手前。8になると上が見える。でも、そこからがえらい。山小屋の頂上まで行く9、10が一番えらいですね。頂上が見えたら楽勝だと思うけど、7ぐらいで体力が限界にきてるから。おかしいもんで『あの山小屋まで』と思うと、山小屋の手前になると本当に厳しい。ところが、目標設定がもっと上の方だったら平気でその小屋を越えていく。自分の到達目標をことというふうに決めてあると、人間はそこまでが厳しい。目標が上なら簡単に越えていく。到達と思うと自然と抜くようになってるんです。人間はそうできている」

野球は9回までと決まっている。終盤まで来れば、「あとアウト〇個で勝てる」という思いが出てくる。ゴールが見えた瞬間、投手が四死球を連発したり、野手がミスをしたりして自滅するのは、到達目標地点で止まろうと思っているからだ。「もう少しで終われる」と考えた時点で、力が発揮できなくなる。そうではなく、目標はまだ先と考え、アウトをひとつずつ積み重ねることが大事だ。

「山を登ってるときは、考えると転びます。ちょっとでも余分なことを考えると転ぶんです。野球のことを考えたりしたら、足を踏み外したり、浮石という安定していない石に足をかけたりして転んじゃう。滑ったりね。一瞬でそうなりますね。そういうもん。もう、ひたすらに足を置いていく。一歩、一歩のみ。登ることしか考えたらいかん。景色を見るなら止まって見ないといかん。歩きながら見るなんて無理」

近道をしたいと思ったり、早く着きたいと思って歩幅を変えたり、楽をしようと思った瞬間、山の神様に怖さを思い知らされることになる。厳しい自然との勝負。手を抜いたり、気を抜いたりした瞬間に落とし穴が待っている。まさに、野球につながる部分だ。

ときには身の危険を感じながら、あえて過酷な経験をする倉野監督。それによって磨かれるのは決断力だ。

「山を登ると、自分が決断力の弱い人間だということがよくわかる。この道だと思って登っても『間違った。あっちの道のほうがよかったんじゃないか』と思ったり。悪い状況になると、登ろうか、やめようか、どうしようかって不安になる。自分との戦いですね。誰とも相談できない。未知の世界に出会って、自分でどうするか決めなきゃいけない」

17年のオフに行った山では、3時間歩いて一人も出会わなかった。雪が積もり、他人の足跡も目印も見えなくなった。登山道から外れ、胸まで雪の中に埋まってしまう状態。雪の上をアメンボのように四つん這いになって登った。孤独と恐怖。そこでしか得られないことが山にはある。

采配を振る監督は、試合中、いくつもの決断を迫られる。チャンスでスクイズさせるのか、打たせるのか。外野手を前に出すのか、後ろに引かせるのか。その決断一つひとつに勝敗や選手の人生がかかっている。監督とは、そこまで責任を持つもの。生半可な気持ちでは、強豪ぞろいの過酷なトーナメントを勝ち抜くことはできない。愛知県のてっぺん、そして日本一を獲るためには、監督自身も試練を乗り越え、成長していかなければいけないのだ。

〝走姿顕心〟の徹底で
自制心を鍛えれば、
我慢する力や積極性が身につき、
持てる力を発揮しやすくなる。

第6章

柴垣旭延

享栄監督

柴垣旭延　しばがき・あきのぶ

1941年9月9日、愛知県生まれ。享栄商（現享栄）―中央大―西濃運輸。中央大では主将。西濃運輸では選手として8年、監督として5年の13年連続で都市対抗出場。79年3月に享栄に赴任し、春4回、夏4回甲子園出場。

技術面で手本を見せて自ら打撃投手も務める

どん底になるたび、バトンが渡される——。

２０１３年2月、７年半ぶりに復帰したのが柴垣旭延監督だ。79年に母校監督に就任。以来、27年間にわたって指揮を執り、春夏合計８度の甲子園出場。05年夏を最後に監督を勇退したあとは総監督を務めていた。

「甲子園から遠ざかって、中学生の子たちが享栄を知らないというぐらい低迷してしまった。〝私学４強〟といわれていたけど完全に脱落。その名にふさわしいぐらいまで、何とか復活してくれということで復帰することになりました」

復帰直後の13年夏には、優勝候補筆頭の東邦をコールドで破る殊勲星。16年夏も東邦をあとアウト２つのところまで追い詰めた。15年秋は準優勝して5年ぶり、16年春は優勝して10年ぶりに東海大会に出場。「ちょっと周りの見方が変わるぐらいまでは来た」。00年センバツ以来の甲子園へ。あと一歩、足りないものは何か。それを考え続ける毎日だ。

一度目に監督に就任したのは、79年の３月だった。享栄から中央大を経て西濃運輸に入社。選手として8年、監督として5年。合計13年連続で都市対抗に出場を果たしている最中の監督要請だった。48年までに春6回、夏2回の甲子園経験を持つ古豪も、68年夏に出場したのを最後に低迷。柴垣監督の就任当時は、県大会にすら出場できないぐらいのどん底だった。「母校のために」と支店次長の職を投げ打って高校野球の指導者に転身した。

「就任当時は部内が乱れていました。『私生活でけじめがつかないようでは、野球もおぼつかない』と礼儀や服装など生活面を指導しましたね。それと、幸い体が動いたので、自分で手本を見せたのが響いた。運がよくて、就任した秋に準優勝して当時の中部大会（現東海大会）にいった。夏も準優勝と成績が出たんです。選手たちも、生活からしっかりやれば力がついてくるとわかった。すぐ結果が出たので指導もしやすかったですね」

技術面で手本を見せたほか、自ら打撃投手も務めた。学校には一番に登校。常に選手たちといっしょにいるように心がけた情熱が選手たちに伝わった。

当時とは、時代が違う。柴垣監督は75歳になった。学校の方針が変わり、夜遅くまで練習はできなくなった。同じようなやり方はできない。とはいえ、やっているのは同じ高校生。ベテラン監督に現状はどう映っているのか。当時の高校生との違いは何だろうか。

「昔はライバルがおったということでしょうね。各ポジションにいた。何だかんだいっても、同僚でありながらメラメラとやってましたよ。昔はベンチ入りが14人、15人の時代。背番号をもらったら神棚とか仏壇に掲げるぐらいでしたからね。今はそういうありがたみが全然ないじゃないですか。ベンチに入る人数も多くなってきましたから」

今は嫌われるのを恐れる子供が極端に増えている。ライバル心をむきだしで争うことはない。レギュラーを奪い取ってやろうというよりも、自分の実力と立ち位置を見て、各ポジションで「二枚目でならベンチに入れる」と計算する選手もいる。もっと努力すれば、レギュラーになれるかもしれないのに「ベンチ入りできればいい」と自分で目標を下げてしまうのだ。

「昔は上下関係が厳しい時代で、やめていく選手が多かった。やめるのはいい選手です。上級生から見ると、自分のポジションを脅かされるのでいじめの対象になってたんですね。私自身も当時は叩いたこともあります。そういうのに耐えて残った選手は一本筋が入っていて、ある面では強かった。今は当然、そういうことはできません」

享栄に限らず、強豪校には100人近い部員が入部。厳しい練習や上下関係によって大半がやめていった。技術よりも心の強さを持った選手がレギュラーになった時代だった。

「今は身体そのものもひ弱になりましたよね。ちょっとボールを投げて、ひじが痛いと言って医者に行って、診断された通りに休む。1週間と言われたら1週間。10日と言われたら11日目に『許可が出たのでやります』と言う。今日からできるなら数日前からできるだろうと思いますけどね」

かつてなら、「ライバルに弱みを見せたらレギュラーを取られてしまう」と多少の痛みは我慢してやるのが当たり前だった。もちろん、無理して故障を悪化させるのはよくない。柴垣監督も無理やりやらせることはないが、いつでも医者の言う通りにするのではなく、「今は我慢する時期」と思えば、ときにはできる範囲で工夫するなどという姿勢も必要になってくる。昔を知る柴垣監督にとって、「休めと言われたからそうする」という自分の意思がない選手が増えているのが物足りないのだ。

「そういう意味では、個性がなくなってきたともいえますね。今のほうが指導はしやすいですよ。悪いことはやりませんから」

かつての享栄は〝やんちゃ〟な選手が多かった。中学時代から親公認でタバコを吸っていた選手もいれば、大会前日に友人の家に宿泊し、朝まで花札や麻雀をやっていた選手もいた。もっとも、柴垣監督がこれらのことを知るのは彼らが卒業したあとだったが……。そんな選手たち相手にノックを打ち、打撃投手を務め、自らお手本をしてみせる。いっしょになって汗を流し、引っ張ってきた柴垣監督だからこそ、向かってくる姿勢や気持ちのある選手が出てきてほしいと、思わずにはいられないのだ。

「享栄のマウンドはオレが守る」というプライドの欠如

〝私学4強〟といわれながら、00年春を最後に甲子園から遠ざかっている享栄。理由はひとつではないが、柴垣監督が大きな原因として挙げるのが投手力だ。

「野球で一番大切な投手力がね、この（出ていない）間はちょっと恵まれていない。それがベスト8、ベスト4で負けてしまうことにつながっていると思います」

ただ、かつての享栄を見てみると、決して好投手に恵まれていたわけではなかった。全国クラスの投手といえば、86年に春夏連続出場したときのエースで、中日にドラフト1位で入団、プロ初登板でノーヒットノーランの偉業を達成した近藤真一ぐらい。それ以外の年は83年春が169センチの右腕・平田幸夫、84年夏が175センチの右腕・村田忍、90年春が168センチの右腕・高木浩之（元西武）、93年夏が177センチの右腕・谷川輝幸、95年夏が174センチの右腕・天野直都、00年春が178センチの右腕・難波孝。すべて180センチに満たない小柄な右腕投手なのだ。球速も130キロ台。高木はプロ入りしているが、それは内野手として。投手としては目立つ存在ではなかった。近藤は別格として、それ以外の投手でなぜ勝てたのか。

「剛球ピッチャーじゃない、球種も多くないとなると、コースしかない。とにかく角へのコントロールです。特に内角へのコントロールが絶妙によかった。それで詰まらせたりしてましたね」

83年センバツで8強入りしたときの平田は、シュートを武器にしていた。だが、これは柴垣監督が命じて覚えたものではない。身長や球速を考えて、父親とキャッチボールをしながら練習して身につけたものだった。

「あの子たちは賢かった。高木にしても、常にイニングや相手を考えながらやるタイプでした。打つほうでも、こちらが『ここでセーフティーをやったらおもしろいな』と思っているとサインを出さなくてもやる。われわれより上の考え方というか、ひと味もふた味も違いましたね。今の子たちは、だいたい言われたことをやるぐらいですから」

監督に言われたことをやるのではなく、自分で考えてやる。これができる選手たちだったから、特別なボールがなくても勝てたのだ。

「彼らが投げるのはまっすぐ、スライダー気味の小さな変化球とインコースへのシュートぐらい。今の子は中学から入ってくると、すぐフォークだ、ツーシームだと言う。そういう子には『ある程度ストレートが速くないといけない。ストレートがあって、そのうえにフォークやツーシームがあって活きてくる。お前らのは、ストレートそのものがちょっと落ちちゃって、ツーシームになってる』と言うんです」

たとえ球種が少なくても、それを磨く。変化球が活きるようにストレートも磨く。小手先でかわそうとするのではなく、ひとつのものにこだわって練習する。どれも中途半端にならないためには、この姿勢が必要だ。

もうひとつ、過去の投手たちに共通していることがある。それは、ほぼ一人で投げたということだ。夏に勝った投手を見ると、村田は57回（他の投手は2回）、近藤は42回3分の1（他の投手は7回3分の2）、谷川は56回（他の投手は3回）、天野は43回（他の投手は23回）を投げている。

「振り返ると、一人のピッチャーなんですよね。明けても暮れても、最後まで同じピッチャーだった。あとに続くピッチャーがいないとはいえ、毎試合完投、連投。投げてる本人たちも『最後までオレが投げる』という気持ちが当然あったと思うし、過去を見ますと、エースでいって逆転されたら仕方がないというぐらいのほうが、結果が出ていたような気がします。当時は、継投は考えもしなかった。逆に怖いと思ってました」

エースが先発完投するのが当たり前の時代。エースとしての責任感と意地が彼らの身体を動かしていた。時代が違うといえばそれまでかもしれない。だが、歴代のエースたちには「享栄のマウンドはオレが守る。他のヤツにマウンドは譲らない」というプライドがあったのは事実だ。今は、先ほど挙げたライバル関係の希薄さに象徴されるように、エースを争うという強い気持ちを持つ選手が少なくなっている。背番号1と10の二人が「僕らはライバルとは思ってません。二人で一人。二人でゲームをつくります」といった類のことを言うのも珍しくない。最終的に継投するにしても、はじめから「継投でいい」と思っている人間と、「オレが全部投げ抜く」と思っている人間とでは、伸びしろが変わってくるはずだ。

「昔は中学野球（軟式）出身が多かった。1年生は声を出すだけで球拾い。今はほとんど硬式出身でしょう。そういうところは小学生でも中学生でも、下級生から試合に出してくれるんです」

大人が子供に気を遣う恵まれた時代。ハングリー精神に欠けるのは仕方がないのかもしれない。だが、少しでもそういう気持ちのある選手が出てくることを柴垣監督は期待している。

時代が変わっても守りの大切さは変わらない

エンドランを多用し、スクイズは少ない。強打が自慢で、83年に藤王康晴（元中日）が樹立した11打席連続出塁は、今もセンバツの大会記録として残る。センバツの1大会最多本塁打3本を記録したのは10人しかいないが、そのうち二人（藤王、高木）は享栄だ。派手な記録によって豪快なイメージがあるが、柴垣監督が重視するのは守備だ。

「いくらいいピッチャーといっても、三振を10個以上取るのは稀だと思うんですね。そうしますと、アウトの80〜90パーセントはゴロであれ、フライであれ、野手が打球を処理してアウトを取ることになる。せっかく打たせた打球をファンブルしたり、悪送球したりしないよう守りを固める必要がある。だから、以前はものすごく守りに時間をかけました。新チームあたりだと、朝8時半か9時頃から1時頃までぶっ通しでノックを打った覚えがあります。それが今は欠けておるんですよね。数がやっぱり少なくなった。内外野の守りの破たんから無駄な失点をするのが圧倒的に多いんです」

時代が変わっても、守りの大切さは変わらない。いくら打撃がよくても、無駄な失点をしていては勝てる試合を落としてしまうことにつながるからだ。

「僕は得点より失点を気にするんですよ。ひとつの決め事としては、いかなる事情があっても、失点は4点までということ。ホントは3点にしたいんですけどね。4点取られて勝つには、5点取らないといけない。5点取るのはめちゃくちゃ難儀ですよ」

そこで、練習試合ではルールを設定している。4点以上取られたら、1点につき、選手たちはグラウンドのポール間走を2本走るというものだ。5失点したら2本。6失点なら4本。走る本数は倍々ゲームで増えていく。

「そのペナルティーで試合をさすんですけど、彼らは勝てばいいという考え方なんですよね。乱戦で勝ってもいいと考える。そんなチームはトーナメントでは絶対勝てません。逆にいえば、負けても3対0、3対1ならいい。次やるときは勝てるかもわからないですから。4点以上取られるということは、ピッチャーだけの責任ではない面も多々ある。味方のエラーとか、いろんなことがあって失点を重ねる。ある意味では全員のせいなんです。野手はしっかり守る、ピッチャーに迷惑はかけられないと思ってやってほしい」

これは、13年に復帰してから始めたこと。それには、こんな意味も含まれている。

「漠然と勝った、負けただけではね。今の時代、土日になると親が見に来てるじゃないですか。彼らは勝てば喜ぶ、息子が活躍すれば喜ぶ。誰もが自分の息子がかわいいに決まってますけど、得点、失点を考えないのはよくない。試合は共同で戦うものだし、チームプレーですからね」

ペナルティーをなくすためとはいえ、ルールがあれば選手たちで失点しないように考えるようになる。失点を減らすために必死になる。連帯責任にすることで投手が野手を、野手が投手を思いやるようになる。失点を1点でも少なくするためには、チーム全員の一体感は欠かせないのだ。

フォームよりも下半身強化を絶対的に重視

いろんなフォームの選手がいる。これが、柴垣監督の指導の特徴だ。チームによっては型にはめるところもあるが、柴垣監督はそうしない。選手としても十分な実績を持っているが、自分の経験を押しつけることも「こうしろ」と命令することもない。その成果だろう。かつての享栄からはプロ入りする選手が多数出ている。甲子園に出た年を見ると、83年春は藤王、84年夏は安田秀之（元ダイエー）、86年春夏は近藤、長谷部裕（元中日）、90年春は高木、93年夏は福留宏紀（元オリックス）、95年夏は上坂太一郎（元阪神）と00年春以外は必ずプロ選手が誕生している。この他にも、大島洋平（現中日）も柴垣監督の教え子だ。168センチの高木、174センチの上坂、176センチの大島ら小柄な選手が卒業後に大学や社会人に進み、力をつけてプロ入りするのが目立つ。もちろん、これは偶然ではない。柴垣監督の指導方針がある。

「入ってくる子は肉体的にもまだ子供の身体。だから、『バットをこうやって振るんだ』とか、ひとつの型にはめることはしないですね。技術は身体ができあがってからでいい。卒業して大学、社会人に行って教えてもらえばいいんじゃないかという考え方。これはここの指導者になったときからですね。あまり細かく教えるタイプじゃないのが逆によかったのかなと。大島にしても、もともと当てるのは上手だし、もって生まれた足もある。パワーはないですけど、人のいないところへ打てばヒットですからね。細かいことを言わず、あまり型にこだわらずにやってたのが、上に行って伸びるひとつの要素かなと思います」

では、高校時代は何をするのか。

「身体づくり、土台づくりですね。下半身強化は絶対だと思います。なので、走る量は他の学校より多いんじゃないかな。今でも『享栄は走るのが多い』と評判になってるらしいですから（笑）。まぁ、それでも年々、少なくなってますよ」

グラウンドから万博会場入口までの片道2キロのタイム走をやることが多いが、「しれてます。他よりは多いというぐらいです」。とはいえ、このこだわりは捨てない。

「今はみんな走らないじゃないですか。中学でも土日は試合ばっかりで。何でも土台づくりだと思いますけどね。もちろん、1年生と3年生で走る量は違います。同じ量をやらせれば、1年生は故障しますので考慮はします」

小手先のテクニックには走らない。下半身強化をしたうえで技術練習をする。

「強く振らなきゃ打球は飛ばないので、土台をつくりながらバットスイングです。コーチには『バットを最短距離で出すとか、アウトステップになっていないかは見てやってくれ』と」

一見、遠回りに見えるが、選手として確実に成長するためには、削ることができない部分をしっかりとやらせられるか。これが指揮官の力量だといえる。

フォームに関してはうるさく言わない柴垣監督だが、打撃に関して選手たちに意識させていることがある。それは、本塁打に惑わされないようにすることだ。柴垣監督復帰後、徐々に復活気配を見せ始めたことで、一時よりは好選手が入学するようになった。決して大柄な選手はいないが、パワーを持つ打者が増えてきた。これは歓迎すべきことだが、一方で気をつけなければいけないことでもある。

「ウチの練習グラウンドはホームラン風が強いんですよ。ここで練習試合をすると、思わぬ打球がフェンスオーバーしちゃう。それで錯覚を起こすんですよ。夏の大会でホームラン風が吹くことはまずない。無風、あるいは向かい風のこともあるでしょう。そこでフライを打っても、大きな打球を打てるということはない。とにかく低い打球。上から強く叩いて、グラウンダー、ライナー性の打球を打つことを心がけないと、とてもじゃないと勝ち進めないですから」

マスコミが話題にするのは高校通算の本塁打数だ。見出しにもなりやすいため、記者は必ずといっていいほど通算本塁打数を聞きたがる。現在は情報化社会。すぐに「○○高校の○○が○○本打っている」と話題になる。打つと気持ちがいいのに加え、これが高校生が一発を打ちたくなる原因のひとつだ。享栄グラウンドはレフトが88メートル、センターが116メートル、ライトが92メートルで右中間、左中間のふくらみもない。風が強いうえに狭いため、本塁打が出やすくなっている。

「1試合27のアウトのうち、半分以上がフライアウトということがあるんですよ。選手には、『これでは、どうにもならんぞ』と言うんです。『少なくともフライアウトは7つから8つ。これでも多い方だぞ』と。ゴロを打てば、相手のミスを呼べるかもしれない。地味だけど、そういうことが大事。なまじっか飛ばせるヤツがおるもんで、そうなるんです。ここのグラウンドで打っても、常に割り引いて見てます。そういうことも含め、しっかりと言い聞かせないとね」

大きな打球を打とうとすると、打撃フォームを崩す要因にもなる。派手な打球よりも、勝つための打球。本塁打はあくまで結果。目立とうとする選手はいらないのだ。

練習から「1」にこだわる姿勢が必要

享栄は、柴垣監督が復帰して盛り返してきた。とはいえ、〝私学4強〟と呼べるまでには復活できていない。それは、こんなところに表れる。

「今、選手たちは相手が中京となると上に見る。やる前から上に見るんです。僕はないんですけどね。やっぱり、中学時代いっしょのチームの一、二番手が行ってるとね。名前で少し押されるんです」

これは、享栄に限らず、全国で見られる現象だ。かつてよりもスカウティング競争が激しくなり、いい選手から順に強豪から声がかかる。〝超強豪〟には中学時代日本代表だった選手ら、全国クラスの有名選手が集まるため、中学時代にできた序列を崩すのは難しい。どう取り除くかは、拙著『超強豪校』（竹書房刊）の県岐阜商・藤田明宏元監督、坂井・川村忠義監督の章に詳しいので参考にしていただければと思うが、柴垣監督の場合はどうするのか。

「洗脳しますね。実際に戦いが始まったら、バッターなら勝負は第1打席だと。このときに、仮にヒットじゃなくても、いい当たりをすれば、あとの打席に非常に影響を及ぼします。すべては第1打席だと。ピッチャーでいえば、ひと回り。序盤に2、3点取られちゃうとズルズルいく感じがしますけど、三振のスタートとか、ひと回りを上手に乗り切れば、2打席、3打席といける。中学のときに多少差があったとしても、そこをいいふうに乗り越えれば、上に見ることはなくなると思いますね」

そのためには、練習から「1」にこだわる姿勢が必要だ。

「フリーバッティングのときでもね、何本も打ってから調子を上げてもダメだぞと。大昔、新聞で読んだ覚えがあるんですけど、小さな大打者といわれたヤクルトの若松（勉）選手は、フリーバッティングのときに1本目、2本目にものすごく集中していた。それを見て、当時の監督がレギュラーに抜擢したらしいんですよね。高校生を見てると、最初のうちは身体ならし。『お前ら！』ってたまに言うんですけどね」

投手は、立ち上がりが悪ければ終わりという意識が必要だ。

「何球放ったらベストの状態でマウンドに上がれるか。ブルペンでの球数を練習試合で各自が早く見つけることでしょうね」

また、立ち上がり以外では、投手にこんなことも言う。

「5回のグラウンド整備後の守りですよね。後攻であれば、整備後に3球投げて再開になる。6回表に失点するのが非常に多いんですよね。だから、整備中のキャッチボールは強く放れと言います。攻撃側からすればつけ込むところですからね。それが、みんな休憩ぐらいのつもりでいる。各イニングの攻守交代のときもいっしょですけど、グラウンド整備のあとはちょっと違うと思います」

よく言われることだが、インターバルが入っての試合再開。ここもまた「1」の意識を忘れず、第二の立ち上がりとして意識させている。

走っている姿にその人の心があらわれる

05年までと13年以降、柴垣監督体制での大きな違いは、スタッフの多さだ。現在は柴垣監督を含めて8名の指導者がいる。年齢的なこともあるが、周りの環境が変わったことで、柴垣監督の立ち位置も変わった。

「前回の監督のときは、すべてにわたって自分でやらなきゃ回らなかった。ノックをやれば、ガミガミガミガミ怒ることが多かったですね。それが、今回は（若いスタッフに任せて）外から眺める時間が多くなったので、若い人が言いたいことを言ったあとのフォローを上手にしようと心がけてます。昔だったらフォローなんてほとんどないですよ。特に試合が近くなってきたら、弱点を言うんじゃなくて、いいところを言う。『最近調子いいな』とか、ピッチャーなら『球威出てきたな』とか『低めにコントロールされるようになってきたな』とか。いい面を監督が言葉として伝えるようにしてます」

相手チームを分析するときは長所に目がいくが、自チームを分析するとなると短所に目がいきがちなのが指導者というもの。だからこそ、意識してプラス面に焦点を当てるようにしている。

「特に（大会前の）最後の調整になってきたら、そうします。ある面での雰囲気づくりですよ。諸注意は他の先生がやってくれるから、僕まで同じようにそんなことばっかり言ってたらいかんというのは考えてますね」

選手にとって、監督の言葉は重い。気持ちよく大会に入るため、自信をつけさせるためにも、大会前の指揮官の言葉選びが重要になる。

あとアウト2つだった。

16年夏の準々決勝・東邦戦。藤嶋健人（現中日）を擁し、優勝候補筆頭に挙げられるセンバツ出場校を相手に享栄は2対1とリードして9回裏を迎えた。先頭打者を打ち取り、1死。あと二人で勝利というところから、4連打を浴びて同点。さらに犠牲フライでサヨナラ負けを喫した。

「相手は執念でどん詰まりの当たりが落ちる。ウチの選手に自信がなかったのかもわからんけど……。（近年）甲子園に行ってないのが、ああいうところで出るんですよね。精神面の強化をよくいわれるけど、どのようにしたら強くなるか。それがなかなか難しい」

最後のアウトを取りきるために、見直さなければいけないのが練習の内容だ。17年5月の静岡との練習試合ではこんなことがあった。1死満塁の守り。相手のスクイズが捕手の1〜2メートル手前に転がった。捕手が捕って本塁ベースを踏み、一塁へ送球してスリーアウト――と思ったら、一塁ベースががらあき。捕手の送球がバックアップのセカンドの前に転がった。このミスが尾を引き、そこから4失点。取れるアウトを逃すことの大きさを思い知らされた。

「スクイズなのでファーストは前に出てくる。でも、キャッチャーが捕った時点で普通なら一塁ベースに帰りますよね。それが、その場に立ってるだけですよ。セカンドはさすがに（一塁ベース後方に）カバーに入るのが精一杯。これは、われわれもいかんのですよね。ファーストは（打球に対して）スタートを切らないといけないけど、（打球を処理しないのであれば）すぐにベースに帰る。練習のときから怠りなく言ってなかったのが悪かった。ただボールを受けてるだけがノックじゃないということ。徹底しとらんとね」

誰もが「試合のつもりで練習をやれ」「実戦を想定してやれ」と言うが、本当にそれができているか。野球は1年に1回あるかないかというプレーもたくさんある。オーソドックスな練習だけでは、最後の最後に詰めの甘さに泣くことになる。いくら面倒でも、細部にこだわって練習することが必要だ。

柴垣監督が復帰して、こだわり始めたことがある。それは、部訓である〝走姿顕心〟の徹底だ。文字通り、「走っている姿にその人の心があらわれる」という意味。グラウンドには横断幕が掲げられ、練習前には全員で復唱。常に全力疾走を心がけている。

「これだけは徹底させないかんと厳しくやってはいますけどね。まだ完全には身についてません。試合だけじゃなくて、練習のときから完全に身につくようにしたい。そうすれば、傍から見ても好印象を与えますしね。弱いんだからそういうところを徹底してやっていかないと。そのへんからやっていかないともうひとつ脱皮はできないと思います」

近年は、投手の一塁けん制で外野手もバックアップに動くなど、変わりつつある享栄。意識しなければできないことを、やり続けることで自制心が鍛えられる。自制心が鍛えられれば、我慢する力、積極性などが身につき、大人に近づいていく。当然のことながら、精神力も上がっていく。精神力が上がれば、持っている力を発揮しやすくなる。

練習から〝走姿顕心〟が徹底できるようになったとき、さらにそれがやらされるのではなく、自分たちからやるようになったとき〝古豪復活〟はもちろん、堂々と〝私学4強の一角〟と言えるときがくるはず。柴垣監督はその日を心待ちにしている――。

強豪相手に
能力勝負をしても勝てない。
相手を混乱させる〝思考破壊〟で、
どれだけ心理戦に持ち込めるか。

第7章

麻王義之

至学館監督

麻王義之　あさお・よしゆき

1963年8月8日、石川県生まれ。中京（現中京大中京）—中京大。大学卒業後、花咲徳栄、弥富（現愛知黎明）、春日丘のコーチを経て、ルネス学園金沢専門学校で監督。その後、明秀日立の監督を務めた後、2005年に至学館の監督に就任した。11年夏、16年春に甲子園出場。保健体育科教諭。

至学館といえば継投策とピッチャーづくり

この環境を見れば、全国の指導者の誰もが言い訳はできなくなるといっていい。

グラウンドを使えるのは週に一度だけ。それも60メートル×80メートルの狭さでネットもない。シートノックもできなければ、打撃練習もできない。通常の練習で使えるのは25メートルプールをつぶしてつくった鳥かごと、4か所のブルペンだけ。コンクリートの駐車場も立派な練習場になっている。選手に目を向けても、飛び抜けた素材は見当たらない。野球推薦枠はなく、体格も小柄で華奢な選手ばかりだ。センバツに出場した17年のベンチ入りメンバーを見ても、180センチ以上の選手は二人だけ。強豪校が基準としている身長マイナス100の体重をクリアしている選手も二人しかいない。

05年に中京女子から共学化して至学館に校名変更。その後6年目の11年に夏の甲子園に出場したとなれば、学校が野球部強化に乗り出したと想像する人が多いが、実際はまるで逆。鳥かごがなかった当時は、水を抜いたプールの中でバント練習していたほどだ。甲子園に2度出場しても、環境は変わらない。野球部が特別という雰囲気はまるでない。

そんなチームがなぜ勝てるのか。それは麻王義之監督の存在がすべてといっていい。逸材ぞろいの〝私学4強〟に対して、環境がない、選手がいない弱者がどうやって立ち向かうのか。麻王流チームづくりと弱者の戦法を紹介する。

至学館といえば継投策。夏のベンチ入りメンバーには、6人の投手がいるのが基本だ。なぜ、継投するのかといったら、突出した実力を持つ投手がいないからに尽きる。中学時代にエースとして活躍した投手は入ってこない。多くが控えだった選手だ。強豪ひしめく愛知県で、一人に多くを求めるのは酷というものだろう。

「継投によって、バッターの目線をずらす、タイミングを外すという狙いですね。〝私学4強〟になると全国でもトップクラスの力がある。そこに勝たないと甲子園もありません。強豪の選手は対応力に優れているので、ある程度、ボールに目が慣れて軌道がわかれば簡単に打たれてしまう。だから次々とピッチャーを代えていくことで、バッターに慣れさせず、間をずらすことが必要なんです」

例年、部員に投手は30名。その中からどのように選ぶのか。麻王監督は基準を明確にしている。第一の条件は、コントロールだ。

「練習試合でも多いのが、フォアボール1個出してすぐ交代。これが大スタートです。ピッチャーに言うのは、『無条件で一塁を与えるというのはペナルティー。投げた、打った以前の問題だ』ということ。『ペナルティーを与えるピッチャーは、バックが野球やっとれん。内野手がゴロを捕ったらファーストに投げるのといっしょで、ピッチャーもベースの上を通しなさい』と。球速は100キロでも80キロでもいい。ストライクが入らないとゲームはつくれない。そこをきちっとこなしてから次にいくということです」

18・44メートルでストライクが入らなければ、ベースを前に移動させて16～17メートルで練習する。短い距離のほうが簡単だからだ。16メートルから投げて100パーセントに近い制球力がついてから、実際の距離に進む。ここを省くといいことはない。

第二の条件は、ボール先行のバッティングカウントから、変化球でストライクが取れること。カウント3-0、2-0、2-1からストレートでしかストライクが取れないようでは、強豪校の打者にはカモにされてしまうからだ。カーブ、スライダーなどの球種はもちろん、ツーシームやチェンジアップなどストレートの軌道から微妙に変化する球を覚えるのが理想だ。

「球速を大幅にアップさせることは難しいですけど、ボールの軌道に変化を与えることは意識すればできるようになります。ボールとバットの接する点は何ミリという小ささ。高校生なら必ず打ち損じがあります。球速が100キロだからといって必ず打たれるわけじゃないですから。打ち損じさせるには何が必要かを考えさせます」

これをクリアし、けん制など守備の基本ができるようになったら、ブルペンで打者の人形を置いて投球する。これで思ったように投げられるようになったら、練習試合で登板できるようになる。その中でこだわっているのがボールの軌道、角度だ。

「手から離れてベースまでの軌道ですね。これを意識できるピッチャーじゃないと（試合で）投げられないという持論があるんです」

この軌道をイメージさせるために、ブルペンでは〝ラインスロー〟と呼ばれる練習をする。投手のリリース地点から捕手まで、紐やメジャーを使ってラインをつくり、リリースからベースに対してどんな軌道を通るかイメージさせる。さらに、そのラインの上にボールを乗せる意識で投球する。変化球ならラインを変えながら、身体で覚えるまで続ける。

「これができない子が意識して（コースに）出し入れをするというのは無理なので、まずやらせます。人形を置いてこれをやって、それに強い子を使います。ブルペンでただドー

ン、ドーンと自己満足で投げている子は、練習試合でも上のレベルになれば打たれますからね」

また、球速がなくても抑えるために、こんな練習もする。

「120キロの球で抑える技術としてピッチャーに言ってることは、ひとつはグラブの手の使い方ですね。バッターのほうに向けて投げる。あとは、足の上げ方、下ろし方。他には、バッターと一度、目を合わせて投げること。キャッチャーのミットを見るんじゃなくて、バッターと目を合わせて投げる。バッターは目を合わせられると嫌なもんなんです。このマニュアルを守ったうえでコントロールよく投げるのが一番大事なこと。要は、すべて自分の都合で投げないこと。バッターが嫌がることをきちっとやること。慣れるまで時間はかかりますけどね。（多くのチームが）ピッチャーの投げやすいように投げさせてる人が多いと思います」

この他には、緩急を使えるように練習から常に取り組ませている。

「よく言うのは、3球に1球はかなりスピードダウンさせろと。20キロダウンの球を投げられるように、投球パターンを必ずつくりなさいと言っています。20キロ以上変われば球種は何でもいい。目先を変えるためですね」

軌道、そして緩急。これを意識して練習しなければ、とても実戦では使えない。逆にいえば、軌道と緩急さえ使えるなら、汚いフォームでも変な握りでも何でもいい。極論をいえば、抑えれば何でもいいのだ。

「至学館に来てから、左の子なんて来なかったので、6年連続エースがサイドでした（笑）。現状ではそれを貫いてます。なるべく汚いフォームで投げろと（笑）」

ちなみに、至学館ではサイドスローの投手には、あえてインステップさせている。

「きれいに投げちゃうと角度が出ないんで。それに、クロスステップすることによって、速い変化球、スライダーが投げやすいじゃないですか。歴代のウチのピッチャーはクロスです」

きれいなフォームで、きれいな球筋で、球速のない球を投げても打たれるだけ。ブルペンでは「いい球を投げよう」と思うばかりではなく、「どうやって抑えるのか」を考えることを忘れてはいけない。

ベンチ入りの条件と役割分担

ベンチ入りの条件は厳しい。なぜなら、条件をクリアしても、必ずベンチに入れるとは限らないからだ。その理由は、至学館には〝枠〟が存在するから。ベンチ入りする投手をフル活用するのが麻王野球。フル活用するためには、タイプの異なる投手をそろえることが必須。投手を代えることによって軌道を変えることを目的としているため、同じような投手は必要ない。右上、右横、右下、左上、左横というように、それぞれ1枠ずつしかないのが基本だ。

「17年のチームも140キロ出るピッチャーがいましたが、ベンチ外でした。理由は右上だから。右上は新美（涼介）というエースがいる。『ウチには同じタイプは二人いらない。お前は新美というライバルに負けたんだから』と。その子のほうが球は速い。でも、勝負弱いんです」

他のチームなら、二人ともベンチ入りするのが普通だろう。だが、至学館ではそうはいかない。

「ただ球が速いとかコントロールがいいとかそういうことではなくて、実戦向きかどうか。プレッシャーがかかる場面でコース、球種限定など制約をつけてもこなせる子、自分で自分をコントロールできる子が残ってくる。制約にも対応できる子が、公式戦を任せられるピッチャーとしてベンチに入ります。球が速いのに外れた子には謝りました。ただ、『お前は大学に行ったら伸びる。大学は探してやるからな』と」

枠は決まっているため、選手たちも生き残りをかけて必死になる。甲子園に出場した11年には、左腕の神野仁志が「すでに枠が埋まっている。このままじゃメンバーに入れない」と5月になって自らサイドスローに転向。夏のベンチ入りをつかんだ。

「ウチのメンバー選考はそうですね。野手も同じ。役割が被ってると『いらない。終わり。さよなら』となる。ライバルに勝つしかない」

能力の違いではなく、役割の違いがベンチ入りの基準。これが至学館スタイルなのだ。

継投では、誰をどこで投げさせるかが重要だ。ここでも、役割分担をはっきりしたうえで準備させる。ただ、投手ごとに適性を見極めなければいけない。

「どの子も、先発もリリーフも全部やるんです。ワンポイントもやる。練習試合をたくさんこなして、いろんな場面で投げさせて確認して、特徴を見出していく。立ち上がりでスッとゲームがつくれるねという子は先発に、途中からでもパッとやれる子は中継ぎに。背番号関係なく、そういう形でやってます。歴代ずっとそうです」

センバツに出場した17年のチームは、左サイドの川口龍一が先発し、右上の新美がリリーフするのがパターンだった。

「逆パターンも何回もやってこうなりました。新美は先発すると手を抜いちゃうというか、完投を考えたピッチングをして前半につかまっちゃうんですね。どちらかというとちょっと短気なので、味方のミスにも敏感に反応してしまうタイプ。川口というのは宇宙人的。マイペースに身体をつくっていくタイプなので、のらりくらりいける。ただ、ピンチを背負うのはあまり得意ではないのでこういう順になりました」

ただ、これもあくまで基本形。開幕戦に登場したセンバツでは新美が先発した。

「川口はウォーミングアップに時間がかかるタイプ。開会式の30分後に始まる試合に対応しきれないだろうと思ったんです。開幕試合の初回の入りはどこも苦労する。新美は肩ができあがるのが早いし、それまで抑えて投げていて精神的にも落ち着きがあるので先発させました」

17年は新美、川口がともにファーストや外野を守って、再びマウンドに戻るスタイルで二人による継投だったが、こんなことは稀。たまたま実力がある投手が二人そろったからできたことだ。

「今までは二人でやりきれない。2イニングが精一杯なので、つなぐしかなかったんです。17年の二人は右上、左サイドとタイプが違うのがミソで、球の軌道がまったく変わる。それに対し、高校生が1打席でアジャストはできないということ。毎試合2ケタ安打は打たれるけど、何とか長いイニングもちますからね。だから、二人でやりきれた。やりきれなかったら、無理やり引き出しから出してくるということ。至学館の基本スタイルは5人。夏だと6人入れます。6枚目は延長要員ですね」

夏の甲子園に出場した11年はまさにこの形だった。準々決勝の菊華戦、準決勝の豊川戦は5投手の継投。決勝の愛工大名電戦は3投手の継投だった。一人で4イニング投げれば長い方。2イニング投げてくれれば万々歳という考え方だ。

「同じピッチャーに対して、ひと回り以上、打席に入れさせないというのが基本。ひと回りでいいんです。結局、3～4打席の勝負なので。それを分けていけば一人あたりひと回り、もしくは1・5回りで終わってしまう。3人で継投できるわけですよね。そのプランをどうするか」

相手の打順と自チームの投手の特徴を考えながら、どの場面で誰を投げさせるのかを決める。

「相手に左が多ければ左を中心に回すとか、右が中心のチームは右のサイドでいって、左はワンポイントに回すとか。下位打線なら比較的まっすぐがいくピッチャー。上位で振りがいい、感性のいいバッターには変則型というのが基本形。（投手が代わって）相手が『うわー、また来た』というしぐさを見るのが好きですね」

試合では、先発と最後に投げる投手を決めて伝えるのが基本だが、11年夏は「相手に読まれないというのを含めて」投げる順番を選手たちに決めさせていた。自分たちで決めることで、責任感を持たせ、心でつなぐ。これもまた継投に必要な要素だ。

「右の子は右バッターを中心に、左の子は左バッターへのワンポイントを中心に、ブルペンでは人形を立たせて、すべて想定ピッチングをさせてます。練習試合からそうやってつくっていって、あとは各自のよさをくっつけていくという感じですね」

継投のタイミングと起用法

試合では、必ずブルペンで2投手が準備する〝二枚づくり〟を行う。試合前も先発投手と並行してもう一人の投手が肩をつくり、いつでも登板できるようにしておく。

「練習試合では、先発ピッチャーが先頭打者にフォアボールを出して、『もうダメ』といきなり代えることもあります。それと、試合では試合開始1球目にピッチャーライナーで先発が倒れることもあるので、緊急事態でも慌てないでいいように、できるだけの準備、配慮をしておこうと。ウチは能力がないせいでそういう必要が生まれてきます」

継投するにあたって、難しいのはタイミングだ。

「どの指導者もこれで大失敗して負けて、恐怖心があると思うんですけど、大事なのは肚をくくることだと思います」

至学館の場合、継投のカギを握るのは部長になる。試合が始まると、麻王監督は采配に集中するため、投手陣を見ているヒマはない。そこで、鈴木健介部長が投手陣に指示をしたり、ブルペンの様子を見に行ったりすることになる。

「勝ってるパターンのときはこの子を出す。でも点差が開いた場合はこういう継投に変わるというように、ゲームを先読みしてプランを立て、突然出てきて投げることがないようにブルペンで事前準備を徹底してやってもらってます。だから、部長は大忙しですよ。練習試合から同じようにやり『このタイプのバッターならオレの出番だ』となるべく自然に身体が動くようにします。それと『このパターンならこう投げたら通用するから』という話もベンチでしてますね。練習試合ではコーチがこれを勉強する。絶妙のコンビネーションになるのは、コーチが泣くぐらいこれをやるからです（笑）」

鈴木部長からは、ブルペンで準備している投手の状況を報告してもらう。

「部長が見た印象と受けているキャッチャーの話で、今日は調子がいいか、悪いかといった情報を伝えてもらいます。その情報を頭に入れたうえで登板させて、先頭バッターにストライクが1球も入らずにフォアボールを出したときなどは、引っ張りすぎずにそこで交代させるという選択肢もあります。プロとか上のレベルであれば、調子が悪くても投げながら調整ができますけど、高校生では試合中に調子を立て直すことは難しい。そのまま大量失点につながることもありますからね。だから、試合中はバッテリーと指導者で情報交換を密に行うことが大事になります」

数多くの投手を起用する以上、全員が絶好調ということはありえない。5人使えば、5度の立ち上がりがあるからだ。立ち上がりをスムーズに乗り切るのは、どの投手にとっても難しい。

「出来が悪いピッチャーがいて当たり前ですよね。悪ければまた代えます。手詰まりになることもあるので、野手もピッチャーの練習をしてます。『もうピッチャーいねーぞ』なんてことも練習試合で経験済みなので」

2投手を、投手と外野など他のポジションで入れ換えるパターンも、練習試合で何度も経験させておく。公式戦で考えられるあらゆる状況を経験させ、いつ自分の出番がくるのかを予測させるクセをつける。

「選手が僕の考えを理解できるようになるか。先読みして、『監督だったらこうするな』といち早く気づくようになるか。最終的には『このパターンのときはこれでいきたいんです』と子供たちからリクエストできるようになってほしい。（環境のせいで）練習が思い切りやれてない分、思考だけは超スーパーレベルできてほしいと要求してますね」

継投のチームのつくり方と勝ち抜くための策

至学館型の継投で勝ち抜くには、強い信念が必要だ。強豪がやるようにエースと、エースと同等の力を持つ投手の2投手をつなぐ継投とはわけが違う。力のない投手を4人も5人もつなぐのだから。

「決勝で負けるのも1回戦で負けるのもいっしょだから、ずっとやりきるよと。過去には、1イニングずつピッチャーを5人投げさせて5回コールドで勝ち、『オールスターか！麻王出てこい！』とヤジられたこともありますよ。そうやって、調整しながら勝っていってもいいと思うんですけどね」

決めたからにはやりきる。それが表れていたのが11年夏の決勝・愛工大名電戦だった。1対2で迎えた3回裏2死一塁。前の打席で本塁打を打たれている左打者の田中彪を迎えた場面で、麻王監督は先発の山田航大に代えて左腕の小曽根圭吾をマウンドに送った。当時のキャプテンで現在はコーチを務める岡大樹が「練習試合から常にそういう起用法なんで驚かなかったですね」と言うように、至学館にとっては当然の継投。だが、周りから見れば違った。テレビの解説で球場を訪れていた中京大中京の大藤敏行元監督は「よくあのピッチャーを使うなとびっくりしましたよ」。

前日の準決勝・豊川戦。5回途中に同じく先発の山田をリリーフした小曽根は、2回3分の2を投げ9安打1四球6失点。めった打ちに遭っていたのだ。この投球を見ていたら、とてもではないが、翌日も使おうとは思わないだろう。しかも、相手は強打者の並ぶ愛工大名電なのだ。だが、たとえダメでも使うのが麻王監督だ。

「確かに、あれだけ打たれたし、出しづらいなというのはありますよ。でも、やりきろうと。それが勝ち抜いていくパターンなので。子供を活かす、信用する。ベンチに入ってる選手というのは、背番号争いに勝った子なんですから。ダメなときだってあるでしょという感じですね。練習試合で同じパターンを経験してますし、シミュレーションは頭の中にある。出してみていきなり押し出しする経験もあるし、ハマる経験もある。それを見極めてどこまで引っ張るかの問題なので。周りからおかしいよと言われても、僕自身は戦い方へのぶれがないんです」

大一番で小曽根は麻王監督の期待に応えた。3回を投げ5安打1四球を許したものの、5三振を奪って1失点。流れをつくり、逆転につなげた。

「背番号争いに勝った子は、『よくぞ勝ち残った』とほめてやるんです。クソオヤジにボロクソ言われながら残って、チャンスをものにした子たちですから。『お前らは勇士だ。あとは至学館祭りだぜ。失敗しても全員が納得してるんだから』と。だから小曽根の件も、『1日寝たら変わるかな』と（笑）」

多少打たれても、信頼は揺らがない。だから起用する。だが、そこは麻王監督。もちろん何もせずにマウンドに上げたわけではない。

「前日は力んで投げてたので、ワンポイントのアドバイスはしました。『速いボールを投げようとしてたから打たれたんだよ。今日、また速いボール投げようとしたら名電はもっと打つよ』と」

そのうえで、指示したのはボールの握りを変えること。ストレート系を投げる際に、フォーシームではなく、あえて縫い目にかけずツーシーム系を投げるように言ったのだ。
「球速表示で135出てたのを130以内で投げる。ちょっと指を開けば回転が悪くなりますから。名電は縦の変化に弱いわけだから、それをうまく投げてくれよと。昨日は打たれたけど、今日は頑張れというのではない。そのまま いっても打たれるだけ。修正をしない人が多い。ちょっとしたヒントを与えるだけでいいんです」

決めたらやるという信念と使う勇気。そして、普段からの観察によるワンポイントアドバイス。連戦で継投をしていくためにはこれが欠かせない。

もうひとつ、継投をするにあたって忘れてはならないのが、投手交代時にできる〝間〟だ。至学館のように何度も投手交代をすると、間延びして気持ちが切れてしまうことがある。だが、野球は〝間〟のスポーツ。その間をうまく利用すればこちらに流れを引き寄せることもできる。
「攻めの継投と、時間をかけて相手を焦らしながらの継投。これはピッチャーの投球練習の数を変えます。攻めてるとき、勝ってるときは3球以内。7球投げません。1球も投げないということもありました」

相手のチャンスなど、流れが向こうにある場合はたっぷり時間を使うが、こちらに流れがある場合は流れを切らないように間をあけない。投手交代でタイムがかかっている間、相手は7球投げるつもりで伝令を送ったり、ゆっくりとスイングしている。そのため、試合再開が早くなると準備ができておらず、打席に入るのが遅れることにもつながる。「バッター、早くしなさい」と審判に呼ばれるぐらいなら最高だ。こうやってリズムを崩すのが、至学館お得意の〝思考破壊〟だ。

「そうやっておいて、初球はスローカーブとかね（笑）。ペースを狂わす。そういうことをやらないと勝てない」

打者の左右によって、投手を何度も代えるのも珍しくない。先ほども触れたが、強豪相手に左打者には右上、右打者には右サイドの投手をぶつけるために、5イニング連続で投手交代をしたこともある。

「ピッチャーがそれしかいなかったんですよ（笑）。向こうがイライラしちゃって、最後は凡打してもファーストまで走らなくなっちゃいました」

このような場合、もちろんイライラするのは相手ばかりではない。守っている野手も焦れてしまう。

「普通は守備も我慢できなくなるんですけど、練習試合から子供たちにかなり言いますから。『一人で投げていつも0点、1点に抑えるピッチャーがいるならそんなことする必要ない。でも、いないんだから、みんなで力を合わせて必死になってやらなきゃいけないよな』と。我慢する心を練習試合で身につける。『お前らは慣れた、慣れた、慣れたと思い込め』とか言って（笑）。これは慣れないとやれないです」

間を支配するためにはけん制もする。あえて多めに投げるのが至学館スタイルだ。

「けん制をやらなきゃいけないときもあるんですよ。『何やってんの？』と言われながら、（捕手のサインに）首振ってまでけん制したりとか。そういうことをやられたことがないので、これに強豪私学はひっかかりますね」

力がないからこそ、できることを考える。準備をする。継投をしない監督は、できないのではない。やらないのだ。やると決めて準備をするかどうか。これが継投のチームをつくるために絶対に必要なことなのだ。

継投のチームをつくるにあたって、おすすめの練習試合活用法がある。おそらくこれは、至学館しかやっていないやり方だ。これがもっとも有効なのは、3校で2試合ずつやる変則ダブルヘッダーのとき。同じチームとのダブルヘッダーだと、2試合ともレギュラーが先発出場するフルメンバーでやることは少ないからだ。

ダブルヘッダーの場合、多くのチームはどちらかでエースが先発し、もうひとつの試合は控え投手が先発する。異なる強豪を相手にする変則ダブルでこれをやるのはもったいない。強力打線に力を試せる絶好の機会だからだ。至学館では、2試合とも公式戦で先発する投手が先発する。17年のチームでいえば、左横の川口が先発して3～4回。中継ぎで右スリークオーターの橋詰拓、左上の脇直矢を挟んで抑えに新美につなぐ。

「このパターンで公式戦をやるんだから、その通りの継投で変則ダブルの2試合をきちっと投げる。二番手や三番手が先発する試合は公式戦ではやらない。やらないことをやっても意味がない。やることをやるから反省点もあるんです。川口が疲れてて1イニングで終わっちゃうこともありますけど、それはそれでやらなきゃいけない。大炎上する試合もあるわけですから。そういうやりくりをこの試合で勉強しようと思えば、いい題材になります。試合につながる練習試合を雑にこなしてるチームが多いと思います」

2試合に先発しても、投げるのは合計7イニング程度。1試合先発したのと同じぐらいだ。問題になるとすれば、間の時間。変則ダブルの第1試合と第3試合の場合、1試合目に投げてから次の試合に投げるまで2時間程度、間があくことになる。

「2時間の休みのケアをしっかりやればいいんです。公式戦では2時間中断してやる試合もありますからね。ワセリンを塗ってあまり体温の低下をさせないようにして、PNFの動きでインナーマッスルへの刺激を定期的に繰り返して時間を待つ。これはゴムチューブでのトレーニングでも代用可能です。間の過ごし方をきちっとしてれば、全然投げられるんですよ」

社会人の日通名古屋で、トレーニングコーチを務めていた経験もある麻王監督だけに、知識が豊富。休んでいる間に何をすればいいかもわかっている。ちなみに、この投手起用法にはこんな効果もある。

「次の試合もあるから、力んで投げないことを覚えます」

継投が確立したあとはもちろん、新チームでまだ継投が確立していないときでもおすすめだ。誰をどの順番にするか決めるまで、適性を確かめるためには何試合あってもいい。この方法なら、いろんなパターンを試すことができる。目から鱗の練習方法。やらない手はない。

限られた実戦練習の場で「考える野球」を指導

52試合――。
これが、17年のセンバツに出場したチームが秋にこなした練習試合の数だ。夏の大会で敗退した直後の7月23日からアウトオブシーズン直前の11月20日まで。夏休み中は8日間連続のダブルヘッダーもあれば、10日間のうち9日間がダブルヘッダーということもあった。これに公式戦を合わせると68試合。さらにB戦やC戦もある。すべて合わせれば、とんでもない試合数だ。練習試合を通じてチームづくりをしていく。それが至学館のスタイルになっている。

もちろん、これには事情がある。この章の冒頭で紹介したように、至学館にはグラウンドがない。練習場所がないから、新チーム結成直後でも試合を組み、相手校のグラウンドに行くしかないのだ。「ゲームの中で練習しよう」という考え。限られた実戦練習の場で、どのようにチームをつくっていくのか。

至学館には〝リサーチ係〟がいる。事前に相手チームの情報がない練習試合では、キャッチボールやノック、相手のブルペンを見る。ときには相手チームの選手に聞くなどして、試合が始まるまでに麻王監督に情報を伝える。投手であれば左右、球速、球種、制球力、セットのタイミング、クイックの巧拙など。守備であれば、捕球技術や肩の強さ、走者一、三塁時の二遊間の動きなどだ。

「立ち振る舞いや体つき、シートノックの雰囲気から『今日は力勝負するタイプのチームなので、前半は軟投派を中心にゲームをつくりたい』とか、生徒から僕にアプローチがあります。それを聞いて、『じゃあ、こうしよう』。このピッチャーは2試合目に回そう』と決める。また、その情報をもとにして試合のテーマを決めることもあります。『右ピッチャーでクイックができません。スピードも120ぐらいです』という場合なら『リードをめちゃくちゃ大きく取ってみよう。（普通は戻る意識が強くなるが）それでもスタートを切ろう』とかですね。そのゲームプランは全員に『今日はこういうパターンでいくよ』と伝えます」

普段の練習で野球らしいことができるのは、ブルペンと鳥かごだけ。さすがにこれでは麻王監督もどの選手が使えるのかどうかわからない。そのため、選手たちにとっては、練習試合が発表の場、アピールの場になる。自分は何ができるのか。それを積極的に見せるチャンスだ。そのうえで、結果を出すことが求められる。

「選手には、練習試合の結果によってメンバーを決めると言ってます」

A、B、Cの3チームをつくるだけでなく、どのチームでも1試合20人は使うようにしている。必ず試合に出場する機会を与え、メンバーの入れ替えを頻繁に行うことで、選手たちのモチベーションを落とさないようにしている。

「他のチームは出ても12人ぐらいですよね。ウチは練習試合なら22人出ることもあります。22人で総攻撃をかけるのが至学館スタイルです」

試合中、麻王監督はしゃべりっぱなしだ。サインを出したあと、選手交代をしたあと、ことあるごとに「なぜ」を説明する。自ら大声を出し、ベンチに「ここは盛り上げる場面だ」とわからせるようなこともする。

「一塁ランナーを走らせてプッシュバントをやったときに『何でこのサイン出したかわかるか？』と聞きます。『バッターが一度バントの構えをしたときに、セカンドが一塁ベースに入るのが早かったからだよ。オレは数秒の間にそれを読んで出したんだよ』というように『何で？』ということについて、練習試合では相当ミーティングをするんです。試合というのは生き物なので、そのとき起きたことを話してあげて説明も入れます」

麻王監督のそばには、監督の言葉をメモする〝秘書係〟がいる。試合後は秘書係を中心に選手たちでミーティングをして、監督の言ったことを再確認し、翌週の練習に活かしていく。

「僕は絶対2回言わない。試合が終わったあとのミーティングはしないんです。試合中にしゃべって終わり。2回やるなら金をくれと言う。そうすると僕の言うことを聞かなきゃいけない。メモしておかないと次に損する。次にまた同じ失敗をしたら、えらい怒りますから」

練習試合で大敗した場合など、延々とミーティングをする監督は多い。傍から見ていて、「選手は絶対聞いていないだろうな」と思うことはよくある。だが、麻王監督はこれと対極。ここまで徹底できる人は珍しい。

「指導の二度塗りは絶対しません。僕の指導歴の中で、指導の押し売りは子供をダメにしてるんじゃないかなと思うようになったんです。言いすぎ、やりすぎですね。それをすべて抑えることによって、選手は進化するんじゃないかなと」

例年、新チーム結成時には、あえてサインを出さず、選手たちに自由にやらせる。特別打力がある選手がいるわけではないため、オーソドックスな野球をしても点が入らない。何試合かそういう経験をさせて、「考えて野球をやらないとダメなんだ」と実感させる。

「（ひとつずつ塁を進める）すごろく野球をやっても点が入らない。じゃあ、どういう戦術が必要か。子供たちに考えさせますね。『チャンスをつくったら、ランナーが揺さぶって甘い球を投げさせる』というなら、どういうことが必要か。これを試合中にまずは指導者が説明する。子供たちが理解したら実戦でやります。球が速いピッチャーのときはこう、変化球がいいピッチャーのときはこう、けん制がうまいピッチャーのときはこう、というのをやりながら覚えさせていく。エンドラン、ランエンドヒット、バントエンドラン。何で今このサインが出るのか。説明して、言葉で栄養を与えて、信頼関係を築き上げていく。段階を踏むのが大事。指導者は焦らないことですよね」

こういう作業を繰り返して野球を覚えさせ、成功するポイントをわからせていく。あとは、それをひたすら繰り返していくだけだ。

「ウチは（試合の）回数をやって、ここまでこぎつけたという感じです」

基本的にテーマ重視で勝敗にはこだわらないが、夏の大会前や格上の相手とやる場合は勝敗にこだわることもある。

「公式戦モードで『負けたら終わり』と宣言します。日頃やってきたことを出しきるように、戦闘モードに切り替えます。かなりプレッシャーかかりますよ。そうすると、何が起きるかはまた変わってきますよね」

技術的にうまいこと以上に、試合に強いことを求めるのが麻王監督。実戦向きの選手が誰かを確かめるために、さまざまなことを試すのだ。

練習試合で本番に強い選手を発掘して育成

この他、練習試合でよくやることのひとつに、選手からベンチに対して意思表示のサインを送らせることがある。走者から「盗塁します」というサインが出た場合は、その根拠を確認する。

「『次はカーブが来ると思ったので、足が遅い僕でもセーフになると思いました』というならOK。状況を見て、自分でゲームをつくれるかどうかですね」

ちなみに、もっともらしい答えを考えて言っても通用しない。麻王監督にはすべてお見通しだからだ。また、選手からのサインでは、打者からベンチへ狙い球は何かを知らせるサインを頻繁に送らせる。これをやるのは、主に新チームになったときだ。

「自己都合だけで、打ちたい球を張ってる選手がいますよね。それを見るためにバッターにサインを出させます。この場面でこのピッチャーならこのボールを狙うというのを、ベンチみんなにわかるように知らせる。このときの感性はバッターとしての勝負強さにつながります。バッティングがめちゃくちゃよくても、直線的な選手は結局メンバーに入れない。ピッチャーがどんなタイプでも、好きな球だけ待って追い込まれ、最後はボール球を振って終わるからです。これをやることによって、直線的な子か、フォア・ザ・チームに徹する子かわかる。2ストライクまで粘る子を見つけることができます。練習試合でそういう発掘をするのが大事ですね。自己都合を見抜けていないのは、指導者の責任だと思いますよ。指導者は見抜いてやること。ジャッジマンです。これができないと勝利を与えられない。自己都合でない選手を使ったほうが、最終的には勝てる。勝てるチームに一歩近づきます。そういう考えにシフトを変えていける勇気のある人がいないですよね」

これ以外によくやるのは、試合中に突然意味不明のサインを出すことだ。至学館はサインが多い。100以上はある。試合中に変更することもよくある。そこで、あえて間違ったサインを出して混乱させるのだ。

「間違えて出したのに、おかしいなと感じないヤツ、うなずくヤツがいるんですよ。おかしいと思ったときに一呼吸置いて試合を止められるか。これは訓練でよくやります。僕はイニングによってサインを変えるタイプですし、中京、東邦、名電には全部サインが違いますので」

実戦でしかできないこと、相手がいるときにしかできないことを試す。プレッシャーがあるときしかわからないことを知る。野球知識を与える。回数を重ねて経験を積む。チームづくりをするため、公式戦で勝つために必要な準備をする。それが至学館の練習試合なのだ。

「ベンチの一言、一言が選手にとって言葉の栄養になるわけです。大変な労力ですけど、何でこのサインを出したのか、何でこの攻撃をしたのか、何で守備をこうやって変えたのか。がんばってそれを指導者が伝えていくことによって、生徒は育つ。言ったのに同じミスをするのは絶対ダメなので、それをさせないようにする。同じミスが起きるということは、日常生活で相当ちゃらんぽらんですよね。ウチの指導者は全員学校の先生なのでそういうところも見る。

指導者の言葉が入らないで通過しちゃうというのは、正直、致命的ですよね。そういう子を我慢して使っている人の気が知れないですよ。素材を見て、『この子はやってくれるんじゃないか』とか、スカウトしてきたいきさつで使わないといけないとかで、またミスするだろうという子を使い続けている人がものすごく多いですよね。フリーバッティングをたくさんしたりとか、練習を長くやったりすることによって麻痺するんじゃないですかね。ノックの打球をきれいにさばいたのを見てだまされる。それはノープレッシャーだから楽にやれちゃうんです。ウチは鳥かごでの練習で、誰が打つかなんて誰もわからない。練習ではまったくゼロの状態。試合ですべてをどう出せるかなので、結局は試合に強い選手が残るんですよ」

野球は能力を競うスポーツではない。たとえ能力が低くても、相手の心理を読んで、ここぞという場面で相手の嫌がるプレーができれば、能力の差を逆転して勝つことができる。素材に期待するのではなく、本番に強い選手を育成する。麻王監督は、〝ここぞ〟にこだわれるから強いのだ。

〝私学4強〟をすべてサヨナラで撃破

16年の秋。至学館は驚異的な粘りを発揮した。県大会初戦では愛工大名電に延長10回の末、5対4でサヨナラ勝ち。3回戦は中部大春日丘に延長11回、1対0でサヨナラ勝ち。準々決勝の東邦戦では4対1とリードした9回表に6失点するが、その裏に4点を取り返してサヨナラ勝ち。3位決定戦では享栄を3対2のサヨナラで下した。さらに東海大会準決勝では中京大中京に9回2死無走者、2ストライクまで追い込まれたが、ここから3点を奪って逆転サヨナラ劇を演じた。愛知の誇る〝私学4強〟をすべて撃破したうえに全試合サヨナラ。奇跡的な戦いぶりだった。

なぜ、こんなことができたのか。ひとつの要因として挙げられるのが、至学館の戦い方だ。1試合を3イニングずつの3つに分け序盤、中盤、終盤によってやるべきことを変えていく。初回からフルスロットルというのは考えていない。

「チームができた当初は弱かったので何をやっても負けるんです。毎週ボコボコにやられる中で負け方、どうやったらダメージを小さくできるかという柔道の受け身みたいな練習をしてきた。それが僕の中で進化してきたんですね。僕は負けることが大っ嫌いな人間なので。痛みを最小限に抑えて余力を残す。ボクシングなら10ラウンドまではボコボコにやられるけど、最後にカウンターを打てる体力を残しておいて、相手が打ち疲れたところをいってやろうという感じ。非常に危険ですけどね」

当たり前だが先制、中押し、ダメ押しをして勝つのが理想。だが、弱者である以上、そんな理想的な試合ができることはほとんどない。

「無理なんですよ。フリーバッティングができないので、バッティングですぐに対応する技術の向上というのはできない。物理的に無理なことを要求しても、それは無理なので」

序盤からガンガン打っていくのは無理と割り切り、ひと回り目はボールを見ていくことに徹する。2ストライクからもできるだけ粘り、球数を増やしていく。目標にしているのは、3回までに50球投げさせることだ。

「それができたときには、試合に勝ったかのように手を叩いてみんなで喜び合う。点が入ってないのにお祭りみたいに大騒ぎします。『今日はあのピッチャー相手に3回50球は最高だった』と言って、帰りにアイスをおごることもあるぐらいです」

まずは球筋を見たうえで、具体的な攻略法を考える。公式戦であれば試合前に相手投手を研究するが、やはり実際に打席で見た感覚にはかなわないからだ。

「初回に打席に立った3人の情報は大きいですよね。初回の入り方に関しては、練習試合から『コントロールがよさそうだからこうしよう』『スピードはあるけど荒れている。向こうのピッチャーは一枚だから持久戦でいこう』とみんなで研究してます。ただ打席に入っていくんじゃなくて、どうするかという会話はかなりありますね」

ふた回り目に入った中盤は対応が目的になる。ここからは狙い球を絞って、早いカウントから打っていく。そして、終盤。3打席目以降は応用だ。

「ピッチャーとの駆け引きですね。ピッチャーも疲れてきてるんで。狙い球を決めて、打てる選手にその球を待たせます。カーブがいいピッチャーに対して、カーブが苦手な子に狙わせてもダメなので。9人いれば3人ぐらいはカーブをきちっととらえられる子がいる。その子らは、2ストライクまで徹底して狙います。まっすぐしか打てない子に関しては、カーブで2ストライクまで取られてもよし。まっすぐを打ちにいきましょうと。役割分担ですね。7～9回は総合バージョン。この戦い方をやりきれないと次にはいけない」

打席で何をやらなければいけないのか。チームとして何を徹底するのか。これを明確にすることが大事だ。できないことは求めない。その代わり、できることはとことん徹底する。もちろん、このやり方だと序盤はリードを許す展開が多くなるが、それは織り込み済みだ。

「打たれてもショックは大きくないです。どうせ打たれるんだから。練習試合でも毎試合のように打たれてるので慣れきってます。それよりも、どれだけダメージを少なくできるか。ウチは2ケタ安打を打たれて3失点というのが珍しくないんです。そうなるために心がけてるのは、負けていても支配率を高くすること。支配率って、サッカーには出ますけど、野球には出ませんよね。雰囲気とか、心の持ち方とかで『ゲームを支配していこう』と。16年の秋に逆転できたのは、攻められてるけど、守りで攻めようぜと言っていたから。負けてるけど、負けてる感じが全然なかった」

試合前には麻王監督が必ずゲームプランを言う。強豪校相手なら粘ってロースコアでついていって終盤勝負ということが多い。たとえリードされていても、その通りにできていれば至学館ペース。ゲームを支配できているということになる。攻撃で3回までに50球を相手投手に投げさせれば、それもまた支配できていることになる。

「練習でやってないことはできないので、『できる範囲のことを丁寧にやっていきなさい』と安心させるんです」

やるべきことが徹底されていれば、ゲームを支配できる。支配できていれば、ベンチの雰囲気もよくなる。それは相手にも伝わるため、「リードされているのに明るい。沈まない。嫌なチームだ」と思わせることができる。弱者だからこそ、相手に何かを感じさせることが必要。それができて、はじめて勝負の土俵に乗ることができるのだ。

心理戦に持ち込み相手を混乱させる〝思考破壊〟

ゲームを支配するにあたっては、ベンチワークが欠かせない。

「バッターの得意な球を打たせるためのベンチワーク、ランナーのサポートは案外どのチームもやってないですよね。変化球を打てない子に変化球を投げられたら、絶対打てないですもん」

重要なのはベンチの声だ。ピッチャーの投げた球を見て、相手バッテリーの心理を読んで、一球ごとにどんな声を出すか考える。狙い球をズバリあえて言うこともあれば、狙っていない球を狙っていると言うことで投げるように誘うこともある。この駆け引きを楽しめるようになれば本物だ。ベンチが声で揺さぶるのと並行して、走者は大きなリードを取ったり、偽装スタートをしたり、まったく走るそぶりを見せなかったりと演技を駆使して狙っている球を誘発する。一人の打者のために、全員ができることをしてサポートする。これが本当の全員野球だ。

「だからバッターの立ち振る舞いも重要にしてますよね。待ってない球を待ってるかのようなふりをして捨てるとかね」

強豪相手に能力勝負をしても勝てない。どれだけ心理戦に持ち込めるか。相手を混乱させる〝思考破壊〟ができるか。

「まずはチャンスをつくること。何が何でも塁に出ないといけない。どれぐらいの意識でチャンスをつくって、チャンスができたときに全員が大騒ぎするか。チャンスメイクの心構え。これはめちゃくちゃ言いますね」

四死球でもエラーでもいい。塁に出たら一気に攻撃態勢に入る。打力はないので、連打は出ない。だからこそ、ひとつのチャンスに集中する。必要以上に盛り上がることで、相手も「やっちゃった」という心理状態になる。こうなれば、ビッグイニングのチャンスも生まれてくる。ボーっとしている選手はいらない。意味のない声を出している選手もいらない。必要なのは、いいタイミングでいい声を出せる選手。相手の心理を読める選手。いかにそういう声が出せるよう教育していくか。ここに目を向けない限り、番狂わせを演じることは難しい。

至学館の〝思考破壊〟の例は数あるが、麻王監督が会心の〝思考破壊〟と振り返るのが、17年6月4日の早稲田実との招待試合。高校通算100号本塁打がかかった清宮幸太郎との対戦だ。スーパースターであり、超高校級スラッガーの清宮に対しては、死球と本塁打を恐れて内角を攻めにくいもの。だが、そこをあえて突いた。

「当てたらどうしようというのもあって、みんなインコースを攻めたがらないじゃないですか。結局、フォアボールを出しても怒られないアウトコース中心の配球になる。それを逆手にとって、キャッチャーには『外の低めにセオリー通り落としておいで。左ピッチャーは外に変化球を投げますよ』というジェスチャーを、清宮が後ろを向いて喜ぶぐらいしなさいと。そうしておいて、投げるボールはインコースの高めにスライダーです。清宮が外の遅いカーブと思ってるところにインスラ。先発の川口は『投げにくいっすよね』と言うので、『責任はオレが取るから。お前は左のサイドだから抜けたって誰も文句は言わないぞ』と」

捕手の井口敦太は外のボールゾーンに構え、地面をミットにつけて「低く来い」というジェスチャーを見せる。そうしておいて、川口が投げるのは内角高めへのカットボール。狙い通りにもかかわらず、捕球後に井口は再び「低く、低く」というジェスチャーを見せる。これを何球か入れることで、清宮を迷わせることに成功した。

「清宮はキャッチャーを見て、『えっ!?　今のまっすぐじゃねーよな。カットボール!?』という感じで目が点になったらしいんですよね。それで、監督の言った通りだと。ジェスチャーを一球やることによって、すべてが狂いましたね。まっすぐ投げても詰まる、変化球だと泳ぎましたから。そうやって崩していかないと」

第1打席は四球だったものの、第2打席は外角スライダーでファーストゴロ、第3打席は外角ストレートでレフトファウルフライ、第4打席は外角ストレートでセカンドゴロ（悪送球で出塁）に打ち取る。右腕の新美に代わった第5打席には外角のチェンジアップで三振を奪った。

「ひとつの不安でドラマができあがりましたね。最後は外の球をプロが空振りするような、絵に描いたような空振り。3打席で川口にメロメロになってますから、バッティングがめちゃくちゃ崩れた。これはおそらく右ピッチャーでも打てないだろうと思いました」

捕手の演技力と、あえて逆球を投げることによる内角攻め。まともに勝負しても抑えられないなら、〝小細工〟をするしかない。だが、それを楽しめるのが至学館の選手たちだ。演技だけではなく、トリックプレーもお手のもの。16年秋の東海大会準々決勝・多治見戦では守備でこんなプレーを見せた。

5回表、多治見は先頭の山田智也がセンター前ヒット。ファーストの吉見伸也はベースから離れている。山田が一塁を回って悠々とオーバーランしようとしたそのとき、センターの藤原連太郎から一塁に送球したのだ。いないはずの一塁ベース上には捕手の井口。井口が山田にタッチしてまんまとアウトにした（※このプレーの説明は拙著『機動破壊の秘策』竹書房刊、P127を参照）。ファーストがセンターのほうを向いたまま、一塁ベースをあけているように演じるのがポイント。打者走者はファーストのいる場所を見て、ベースに人がいるかいないかを判断するからだ。アウトになった山田は「誰もカバーに入ってないと思いました。二塁に行けると思ったら送球がきた。予想してなくて、スキを突かれました」とがっくり。藤原は「初めてやる相手とかだと結構決まります。（何でベースに人がいないのに投げるのかと）混乱する人が多いですね」としてやったりだった。

ちなみに、このプレーには続きがある。東海大会の準決勝・中京大中京戦。この試合、単打を打った中京の選手は一塁まで前を向いて走るのではなく、後ろを向いて走っていた。理由は、多治見戦を視察していたから。「また捕手が入ってくるのではないか」と捕手の動きを確認するため、後ろを気にしていたのだ。これでは一塁に到達するスピードは遅くなり、もし外野手がファンブルしても二塁には進めない。戦う前から、まさに〝思考破壊〟されていた。

この他にも作戦は多々あるが、ネーミングも最高なのが〝ボケボケ作戦〟。走者二、三塁または満塁の場面で、二塁走者がありえないほど大きくリードを取ったうえに、センター方向を向く。「あいつ何やってんだ!?」と思った相手が二塁に送球した瞬間に、三塁走者がスタートを切って得点するというものだ。甲子園では、17年のセンバツで健大高崎が、福井工大福井相手に1点リードされた9回2死二、三塁で披露している。機動力を売り物にするチームでは武器になっているプレーだが、至学館では、なぜ、そんな作戦名がついているのか。

「二塁ランナーがわざとボケッとしたふりをするからです。『口をあけて、できるだけ間抜けな顔をしろ』と言ってます（笑）」

ふざけているようで、大マジメな作戦。これを楽しんでやれるから強い。演技力がなければ、〝思考破壊〟はできないのだ。


もちろん、麻王監督主導の〝思考破壊〟もある。

至学館の守備時。相手のコーチャーがこちらのベンチを気にしたときがチャンス。わざとわかりやすくけん制のサインを出す。そして、次の回。今度は先ほどのサインをカモフラージュにして、別のやり方でけん制のサインを送るように変更する。前の回に使用していたサインを見たコーチャーが、けん制だと思って「けん制、けん制」と声を出したら投手は打者に投球。スローカーブでストライクを稼ぐ。

「けん制のサインがどんどん変化していくんです。ウチは監督がいろいろ出している、監督のチームだとみんな思ってるわけですよ。だったら、それを利用してやれと。最近は『見るとだまされるから』とだんだん見なくなってますけどね（笑）」

やる前から相手に警戒される。面倒くさいチームだと思わせる。これだけで〝思考破壊〟に成功しているといっていい。なおかつ、麻王監督は相手のサインを見破るのも得意。相手が動く場面でのウエストはお手のものだ。

「バッターとランナーの立ち振る舞いを見ます。人間ウォッチングですよ、子供がやることなので。心理学が好きなので『メンタリスト』とか海外ドラマもよく見ます。顔の表情やしぐさを見て、どういう考えを持っているのかを読む。あとは、相手チームのゲームを何年も見てきたうえでの感覚です。監督の性格で、このケースは絶対サインを出しちゃうんだよなというのがある。人の習慣っていうのは、ホントに変わらないですよ」

一度サインを見破られたら、次に出すのは躊躇する。仕掛けたいときに仕掛けられなくなるもの。この抑止力もまた〝思考破壊〟の賜物なのだ。

勝負所の思い切った采配で強者を倒す

弱者を自覚しているからこそ、思い切った采配ができる。

11年夏の決勝・愛工大名電戦。4対3と1点リードして迎えた9回裏に1死二、三塁とサヨナラのピンチを迎えた。打席には四番の右打者・村山賢輔。内野、外野ともに前進守備を敷いてサヨナラを阻止する守備隊形をとったが、三塁手の鈴木敬介だけは違った。ベースにつかないどころか、守っていたのはベースよりも後ろ。オンラインの位置にいたショートよりも下がっていた。そして、4球目。この守備位置にいた理由がわかる。カウント2－1から、捕手の小関康之が要求したのは外のボール球。この球を受けるやいなや、小関は三塁にけん球を投げる。そこには投球と同時にベースに入った鈴木がいた。間一髪でセーフにはなったが、三塁走者の佐藤大将はヘッドスライディングで戻らざるをえないタイミングだった。右打者のため、三塁には投げにくい。悪送球になる可能性もあるが、あえて勝負をかけた。

村山を歩かせ、1死満塁としたあとも勝負をかけた。1点のリードがある。マウンドの岩田遼は球威がなく、相手は五番で長打のある大村侑大。同点OKで内野は後ろに下がり、セカンドゲッツーを狙う場面だが、麻王監督は内野をオンラインの位置まで出し、バックホームができる態勢にした。

「延長はない。このバッターで、バックホームで勝負しようと。延長で粘れる力はないので9回で勝負。（逆転の走者となる）二塁ランナーは捨てました。力関係が違う場合は、こういう思い切った采配も必要だと思いますね」

大村は初球を打ってショートゴロ。三走を封殺すると、次の打者もセカンドゴロに打ち取り、初の甲子園を実現させた。

16年秋の東海大会・中京大中京戦ではこんな勝負をかけた。1対3で迎えた9回裏2死一塁から四番の井口が死球で出ると、すかさず代走に清水唯人を送ったのだ。井口は正捕手。控えの捕手とは大きな差がある。もし追いついて延長に入った場合、捕手が最大の弱点となるところだが、得点しなければ延長もないと割り切った。そして、清水はこの起用に応える。続く新美の当たりは右中間へ。完全に抜けた打球ではなかったが、「もうチャンスはない」と思い切って本塁に突っ込んだ。本塁到達10秒40の好タイム（タジケン甲子園基準は11秒4）で同点のホームイン。監督の意図を汲み取り、勝負をかけた清水の好判断だった。相手の本塁返球が逸れて2死三塁となり、中根健太がライト前に落としてサヨナラ。初のセンバツを当確にした。

勝利と敗北は紙一重。負けを怖がっていては勝負はできない。監督も選手も勝負所をわきまえ、そのときがきたら思い切っていく。これができなければ、大一番での勝利はやってこない。

強さと勇士を育むベンチ入りの明確な基準

繰り返すが、練習ができる環境はない。プロが注目するような選手もいない。それなのに、なぜ、ここまでのことができるのか。

それは、〝イズム〟が浸透しているからだ。

至学館には、ベンチ入りに関して明確な基準がある。野手でいえば、バントができること、低めの変化球を振らないこと、2ストライクからファウルが打てること、走者三塁でゴロが打てること、一塁走者でディレードスチールや偽装スタートができること、三塁走者でのゴロ・ゴーができることなどがある。体型や足の速さなどは考慮されない。投手であれば直球、変化球ともにストライクが取れること。バッティングカウントから変化球でストライクが取れることなどだ。基本的には、これらができなければ試合には出られない。

「ウチの場合は、バントは保険。ランナー三塁からのゴロ打ちやセーフティースクイズも、保険として誰もが入ってるんです。それができない子はベンチに入ってないので、これは1年生から子供たちにずーっと根付いてるんですよね。だから、変なところでバントのサインが出ても『うわー、バントきた』というプレッシャーじゃなくて『バントか。しゃあねぇな』という感じでいられる。『ファーストストライクはファウルにしておいて、2球目に決めてやるか』というぐらいゆとりがあるんです。1年生を鍛えるときから『1球目のバントはもったいないからね。ほとんどウェイティング出すよ』というのは根付いてるので」

こう聞くと、かなりの時間をバント練習に費やしていると思うだろう。だが、全体練習でやることはほとんどない。

「時間もないじゃないですか。だから、『朝のちょっとした時間とかに各自でやっときなさい。できない子はベンチに入れないよ。ただし、練習時間はとらないよ』と。極論ですよね。もう大人なんだからこれぐらいはやっとけよと。厳しいようですけど課題を与える。

ウチは赤点取ったら即退部にする、というぐらい厳しい学校。野球のせいで勉強ができないという子に野球を教えることはしない、という生活の部分も、『ひとつのミスも許されないよ、できて当たり前だよ』という部分につながってると思います」

至学館ではレギュラー、メンバー外関係なく、基本的に全員が同じ練習をする。だから全体練習では、人によって練習時間に差が出ることはない。不公平はないから、言い訳はできない。できなければ、自分で時間を見つけて練習するしかない。

「練習試合で制約として『低めのボール球は絶対に振らない』と決めたら、1球でも振ったら代えたりします。ゲームを支配するために、それをやっちゃう子は使えないので。できない人は使わない。これはぶれません。練習ではやれるけど、試合ではできないというのもダメ。『大人の世界だったら、仕事できない人に給料は払わないでしょ。能力のある人に給料を払う。能力があることをアピールしたかったら、オレの前でやってみな。できなきゃクビなんだから。野球の世界でもいっしょのことだよ』と。だから、試合では全員ゲームに強い勇士ができあがる。鬼みたいなもんですね。そこはぶれない。それについてきてる生徒が素晴らしいんですけどね」

シンプルな条件ではあるが、難易度は低くない。監督がぶれないといえば聞こえはいいが、クリアできない選手ばかりだったらどうするのか。

「そして誰もいなくなった、になりました（笑）。そこを妥協することは一切しないので。

できない子を僕が根気強く指導するのはできないです。学校の仕事をして、担任も学年主任もやって、土日の練習試合は相手の監督もいる。いつやるかといったらできないです。そこを（島村雄太、岡大樹）コーチがサポートしてくれていると思うんですけど、監督としてはずっと根気強く言い続けるようなことはしないですね」

本当に人がいなくなったり「そこまでやらなくていい」という意識の低い選手しかいない場合は目標を変更する。

「県大会に向けて頑張ればいい。それでＯＫと。これができない以上は県でも勝てないわけだから、そのレベルで負けなさいということ。勝てるチームじゃないからしょうがない。そのレベルで精一杯尽くして終わりです。それも野球ですから。それを『オレはこう思ってるのに何でやらないんだ。やれよ』と言う時代じゃないと思います。最低ラインをクリアしない子に次のステップを要求するのは、余計なお世話だということ。言っても人間関係がこじれるだけ。だから僕はやらない。やったところでイライラするだけですし。『県大会がお前らの甲子園だ』というぐらい大人の目で見てあげる。もともと、この学校に来たときに、『鳥かごで野球をやれ。選手は獲らない』と言われて、できる範囲でノックやって、キャッチボールやって、試合に出て『ちょっとでも成長した姿を見せろ』という感じで始めたチームなので。個々の選手の成長を促した中で、できる範囲のことしか僕ら指導者もできないわけですから、その成長率を感じて高校野球を終わってもらえればいい。

その積み重ねでやってきた。これは今でも変わってないですね」

　指導者は愛知県で優勝する方法を知っている。〝私学4強〟との戦い方も知っている。だが、それを目指すかどうかは選手次第。選手が設定した目標に対し、達成するように協力する。自主練習をやる選手がいれば、最後まで付き合う。だが、やる気がなかったり、試験で赤点を取ったり、不祥事を起こしたりするようなら協力はしない。それが麻王監督のスタイルだ。

「ここはボランティア施設じゃないですから。僕らは野球の技術を教えたい。生徒指導の先生じゃないんだよと。『不祥事をやるならどうぞ。監督をやめて普通の先生に戻るから。土日は昼間からビール飲みたい。趣味のゴルフもしたい。朝はゆっくり寝たい。野球が好きだからお前らと付き合ってるんだから、好きな野球を嫌いにさせないでくれよ。お前たちがワーワーやってるのが楽しいのに、楽しくないってどういうことなの？』と問いかけます」

　一見、冷たいようだが、もちろん何もしない麻王監督ではない。選手の心に火をつけるのはお手のもの。はじめは低い目標だった選手たちも、徐々に乗せられてしまう。「こんな作戦もあるよ」「こうやってみな。あのサード相手なら決まるから」「次、走ってくるから、ウエストしてみな」……。監督に言われるままやってみると、おもしろいように決まる。これで味をしめた選手は、自ら吸収しようとする意欲が生まれてくる。監督の話を聞こうと近くに寄ってくる。監督と距離が近い選手が出てくれば、チームの雰囲気も変わっていく。

「そこから枝分かれして、『このおっさん、野球知ってるぞ。引き出しいっぱい持ってるぞ。いっしょに野球やったらおもしれーぞ』となっていくんですね。そういうことに対しての食いつき具合、モチベーションを上げるのは言葉の力だと思います。彼らにやれることを指導者が話してあげる。それでも乗ってこない子に、ぶん殴ったり『100本走っとけ』と言ったりしたって、何もならない時代だということなんです。指導者はみんな野球の知識は持ってるじゃないですか。でも、最終的には子供たちの心のコントロール、距離の置き方、アプローチの仕方、これがすべてだと思うんですよね。そこの勉強をしたほうがいいと思います」

やる気のない選手には厳しいが、できる範囲でがんばろうと努力したり、監督の考えを吸収しようとしたりする選手には優しい。それを象徴しているのが一芸制度だ。ベンチ入りの条件をすべてクリアすることはできなくても、ある一定の部分で秀でていればチャンスが与えられる。〝敗者復活〟といってもいい。

「あれもこれも練習して、どれも今一歩なら中途半端なだけですよね。左ピッチャーのときだけ打てるなら、それだけ練習しとけばいい。お前はノックに入らなくていいよと。自分を活かすために、一番の長所を伸ばすことに専念すればいいんです。最終的にはゲームプランを考えて、チームにプラスになる人選をする。生き残る方法を考えて一芸を磨けばいい」

左右の投手別の代打、左右の打者別の投手、代走専門……。飛び抜けた選手がおらず、三拍子そろう選手が少ないからこそ、多くの選手に出番が生まれる。やる気のある選手にとっては、チャンスは大いにあるといえる環境だ。何ができれば使われるのか、メンバーに入れるのか。これがはっきりしているから、無駄な練習はなくなる。時間を消費するだけの自主練習もなくなる。限られた時間と場所で成果を挙げるには、やるべきことと合格基準を明らかにするのが重要。これが浸透しているのが至学館の強さなのだ。

実戦を想定した練習で本番は束になって勝負する

試合の中でも〝イズム〟とこだわりを感じる場面は多々ある。

特に感じるのは、走塁だ。呉と対戦した17年のセンバツでは開幕戦に登場。1回裏1死三塁から、三塁ゴロによるゴロ・ゴーで得点した。

一番の定塚智輝がサード内野安打で出塁。二番・藤原連に対してカウント2－0となったところで相手が伝令を送ると、タイムがあけた直後の投球で盗塁に成功。バントで送って1死三塁としたあと、三番の鎌倉裕人のサードゴロの間にホームを踏んだ。定塚のゴロ・ゴーのタイムは3秒03。タジケン甲子園基準の3秒2と比較してわかるように、驚くほど速い。このタイムは、インパクトの瞬間にスタートしても絶対に出ない。打者が振り出す前にスタートしている走塁だ。定塚に確認するとやはりそうで、投球の軌道を確認し、チーム一の好打者で当てる技術がある鎌倉であれば必ず当ててくれる、と信頼してスタートしたとのことだった。5回裏には1死二、三塁から、木村公紀のファーストゴロで三塁走者の投手・新美がゴロ・ゴー（微妙な判定でアウト）。定塚とは違うインパクト・ゴーだったが、3秒12の好タイムだった。

走塁に力を入れている学校でも、なかなかこのタイムは出ない。驚くべきは、グラウンドがない環境にもかかわらず、投手もこの走塁ができるということだ。

「『ベンチの中でも足を合わせる練習をしとけ。シミュレーションしとけ。誰にこのサインが出るかわからんわけだから』と言ってます。校庭で練習するとしても年間で数えるほど。それでもうまくやれる子が残っているんです。セーフティースクイズのスタートも感覚練習。自主練や遊びの中で各自がやるしかない。下手な子にはわざとサインを出して『ここ（Aチーム）には入れないね。Bチームのチャンピオンでも、Aチームではこれができないとダメなんだわ。申し訳ないけど、君たちを使ってたら一生勝てないよね』と言ってメンバーには入れなくなる。練習をやるしかないですよね。だから、どんなに足が遅くてもゴロ・ゴーができるというのがウチの武器なんです」

練習試合では1死二塁から盗塁して、1死三塁の状況をなるべくつくって練習する。ベンチにいる選手も、その場でタイミングを合わせて練習する。定塚も「練習試合の中で何度もやって練習した」と言っていた。数少ない機会でも、それだけの意識を持ってやれば上達するのだ。

守備でも〝イズム〟は十分に感じられる。トリックけん制のバリエーションは豊富。狭いグラウンドでも数多く練習していることがわかる。だが、それ以上に目立つのが、走者を出してからの粘り強さ。11年夏は5回戦の小牧戦が7安打0点、準々決勝の菊華戦が10安打1点12残塁、決勝の愛工大名電戦が10安打3点12残塁、16年秋の東海大会準決勝・中京大中京戦も13安打3点14残塁。別表でわかるように、至学館の投手

2011夏至学館

	試合数	回数	被安打	奪三振	与四死球	失点	BB/9	K/9	WHIP
山田	6	19回	17	3	3	6	1.42	1.42	1.05
小曽根	5	16回2/3	21	10	5	9	2.70	5.40	1.56
岩田	5	16回	19	10	10	11	5.63	5.63	1.81
小川	4	3回2/3	5	3	4	1	9.82	7.36	2.45
神野	2	2回2/3	1	1	1	0	3.37	3.37	0.75
若杉	2	1回	1	1	1	0	9.00	9.00	2.00
通算	6	59回	64	28	24	27	3.66	4.27	1.49

2017春(2016秋)至学館

	試合数	回数	被安打	奪三振	与四死球	失点	BB/9	K/9	WHIP
新美	15	45回	26	32	14	12	2.80	6.40	0.89
川口	16	79回2/3	89	44	23	21	2.60	4.97	1.41
橋詰	2	4回2/3	2	3	0	0	0.00	5.79	0.43
脇	7	6回2/3	8	5	5	1	6.75	6.75	1.95
通算	16	136	125	84	42	34	2.78	5.56	1.23

陣には1イニングあたり何人の走者を出すかを表すWHIPが1・4以上の投手が何人もいる（WHIPをよく使用するメジャーリーグでは1・10未満は優秀、1・40以上は問題ありとされている）。走者は許すが、得点は許さない。ビッグイニングはつくらない。時代環境で子供たちの忍耐力がなくなり、ビッグイニングが増えている昨今の高校野球において、こういう守りができるチームは少ない。「ランナーが出るのは当たり前。ランナー一塁、ランナー一、二塁は当たり前。ただ、考え方として、高校生はヒット3本つながることはなかなかないよと。それよりも自分たちで勝手に崩れないこと。自分のピッチングをすること。打たれても『あー、打たれた』じゃなくて、『バッターが上だった』とあきらめる。その心構えはチーム全体に身につけさせてます」

普段の練習でノックはできない。月に数回できる球場を借りての練習の他は、練習試合の合間に相手校のグラウンドを借りて行う。数少ない機会でも走塁同様、意識の高さでカバーする。

「守備は絶えずランナーがいる状況を想定していないといけない。シートノックでも、一度ランナーに目をやってからボールを捕る。目を1回切る練習をかなり重ねます。それと、ランナーが出ることが多いということは、ポジショニングもいつもより1メートルぐらい前になるわけですよね。その準備をした練習をしっかりやる。バッターの足が速ければポジショニングはガラッと変わってくるので、単純練習ではないですよね。外野もフェンス手前まで目一杯下がって前の打球、一番前に守っての後ろの守り。普通にやっても意味がないですからね。指導者の工夫が必要だと思います」

大量失点しないためには、ベンチの協力も欠かせない。

「ポジショニングを変える（指示を出す）ことによって間を取ってやる。ピッチャーが首を振る回数を増やしたり、けん制をすることによってテンポダウンをしてバッターを焦らす。相手との駆け引きをするということです。ランナーが溜まって長打を打たれてしまうと厳しくなるので、ベンチも含めてバッターにインコースを意識させる。周りが声や動きなどいろんなことで助ける。ピッチャーだけの問題じゃないんです。2死一、二塁で通常なら二塁ランナーを殺しにいく場面でも、バッターとピッチャーの力関係によっては一塁ランナーケアで二塁ランナーを捨てることもある。ポジショニングも思い切ってやったりしますね。そういうことは、むしろ多い。だって抑えられないんですもん（笑）」

練習では、形式的なシートノックではなく、実戦を想定したノック。定位置でのノックではなく、走者がいるのを前提にしたポジショニングでのノック。試合では、投手対打者の一対一にならないように周囲がサポートし、絶対に本塁に還さない走者を決めて、そちらをケアした守備をする。徹底した準備と心構え、〝イズム〟が至学館の守備を支えている。

弱者を自認しているだけに、試合ではこんな考えも浸透している。

「僕が子供たちによく言ってることは『失敗ありきだよ』ということ。守備でエラーをするのも、攻撃でチャンスをつぶすのもあることだよと。そういうことに対応できるメンバーばかりがそろっているわけじゃない。でも、それをカバーする。誰かがダメでも、誰かがカバーすればいいじゃないかと。責任は個人にぶつけない。それが集団スポーツのよさですよね。だから、サポートする心についてかなり言います。投げ終わったピッチャーが、すぐにダウンして知らん顔するんじゃなくて、ベンチで次のピッチャーの応援をする。そういう心のやりとりをかなり重要視します」

個の力では勝てない。束になって勝負する。

「『こいつがダメでも、お前がカバーすればいいじゃん』と。そのためにこれだけの部員がいる。だから全員使う。ピッチャーもそうなんですよね。5枚投げたら、5枚成功するなんて思ったこともない。必ず誰かは失敗するもの。だから、どうするかを準備しておこうという話なんですよね。それがたまたま決まっていけば、いい感じになってくる。だからウチはミスしたあとでも攻めます。スクイズ失敗しても、次に初球で走らせる。ノーアウトから盗塁することもよくあるんですけど、それでアウトになったとしても、また出て走れば1アウト二塁。それでいいじゃないと。要するに、『いいじゃん。またやろう。もう1回チャンスつくろう』ということ。そうやって子供たちに言い聞かせることによって、何か少し心のゆとりができてくる気がするんです。これは二流の流儀だと思いますけどね」

練習試合はミスの許されない一発勝負。公式戦は失敗ＯＫで何度でもチャレンジする。通常とは逆の姿勢が、公式戦での強さを引き出している。

徹底したこだわりと熱い気持ちで夢を追い続ける

野球を知る――。

至学館の選手の必須事項だ。野球を勉強しないと、なぜこの場面でこのサインが出るのかがわからない。理由がわからずにやっても成功する可能性は低くなる。

「ウチはランナー一塁だからといって送らないよ。スチールが多いチームだから、相手が警戒してセカンド、ショートが二塁ベースに寄ってるからスペースがあるからね。ランナーがスタートの構えをしたら、みんなベースに入るよ。その状況でファーストゴロを打ってダブルプレーだったら、拍手して喜んでやるよ」

麻王監督は当たり前のようにこんなことを言うから、理解するために選手たちはついていかなければいけない。細かいルールも覚えなければいけない。

「ディレードスチールの場合、バッターは打席の前に立ちます（※一般的にディレードスチールは左打者の時に多い作戦）。キャッチャーが見にくいですから。ただ、ディレードスチールも2種類あります。キャッチャーが外角に構えてるときは行かない。見えますからね。キャッチャーが内角に構えたときに行く」

こういうことがわかってくると、野球が楽しくなってくる。サインが出なくても、相手の動きを見て、選手たちが勝手にやるようになる。この域までいくには時間がかかる。我慢も必要だ。だが、そうなったときは本当に強い。

「ここまでもっていくには、子供たちとの距離感だと思います。彼らが僕に対して、野球スタイルに関して、どこまで距離が近くなるかが一番大切。バスに乗るときに、『話が聞きたくてしょうがない』と言って監督の隣を取り合いになるぐらい近くなれば、どんどん大人の会話もできます。そうなると、試合でも『こんなことやっていいっすか?』『いいよ。お任せしますよ』というところまできちゃうんです」

1年生時には器づくりを目的に身体障害者マラソンで伴走したり、河川の清掃をしたり、ボランティア活動に参加させる。学校では毎日15分間の朝読書の時間を利用して、野球以外の本も読ませる。人として成長していくことで、話をしても通じやすくなるからだ。ミーティングでは野球の話、厳しい話に加えて、ときには冗談を言って笑わせる。毎日の野球日誌にもコメントを書き、距離を縮めていく。

「我喜屋(優、10年に春夏連覇した興南高校の監督)さんも五感が大事、第六感が大事だと感性のことをずっと言われてましたけど、大人との距離をきちっと保って、近くにいれるというのが技術も吸収されていく部分かなと思います。そうやって心のキャッチボールをしてできる距離の近さは、どこのチームにも負けないと思います」

指揮官の言葉が自然と入っていく関係づくり。これができているからこそ、イズムも浸透するのだ。

受け入れる――。

すべてはこれがスタートだった。グラウンドがない。飛び抜けた選手もいない。ないないづくしだからこそ、多くのことをあきらめた。

「選手がそろえば量で追えることもある。でも、いない、やれない。ないからこそ、かけ算でやらなきゃダメですよね。やれないもんはしょうがない。ゲームの中で練習しようよと。物事を受け入れることが大事です。僕もこの学校じゃなかったら、こうはやってないですもんね」

前任校は専用グラウンドがあり、寮があり、練習できる時間もあった。絶望的な状況からのスタート。だが、できないからこそ、わかったことがあった。

「反復練習というのは、今の子供たちにとっていい練習になっているのか疑問。時代の変化とともに、あまり必要ない気がするんです。何回も繰り返しやる、覚えるまでやるというのではなく、決められた時間で何回とか、何回やる中で習得しようという指導法のほうが向いてる気がします。ウチは環境的にやむをえずそうやってますけど、数回しかできないことをやりきるほうが、集中できるんじゃないか。根気もない、我慢強くもない今の子の気質に、もしかしたら合ってるのかもしれないですね。少なくともウチはそれでやりきれてるので」

できないものはできない、無理なものは無理とあきらめる勇気。その一方で、それでもやるべきことをやれば何とかなると信じる、可能性をあきらめない心。この2つの〝あきらめ〟がうまく融合した結果、至学館スタイルが生まれた。

「2時間のローテーション練習のあとは、自主練しかできないわけじゃないですか。中京、東邦、名電の5分の1ぐらいしか練習してないですよね。でも、想いの強さは5倍持ってると思えばそれでいい。それで戦ってみようと言ってます」

徹底したこだわりを持ち、どんな環境でも、夢を追い続ける夢追い人。激戦区愛知の強豪に立ち向かうエネルギーは、その熱い気持ちから生まれている。

最後に、至学館が日々の練習等で行っている〝工夫〟を紹介する。

【練習】
〈シャトル打ち〉

◉短いバット（50センチ）

シャープな振りとリストターンを身につける。2ストライクアプローチの練習。打者の背中側からシャトルを投げ、グリップを出さずに打つ。

◉細いバット（500グラム）

軽いバットでスイングスピードをつける。ミートポイントが狭いのでシャトルをしっかりとらえる練習。2－0のバッティングカウントでの〝マン振り〟を想定。

◉太いバット

ヘッドワークが利かない、極端にヘッドが利きづらいバットを体感することが目的。この直後に普通のバットを振ることによりその差がわかる。

「極端なものを使うことによって、できるようになったという錯覚を起こしたい」

この他、まっすぐのタイミングで待って、変化球想定で

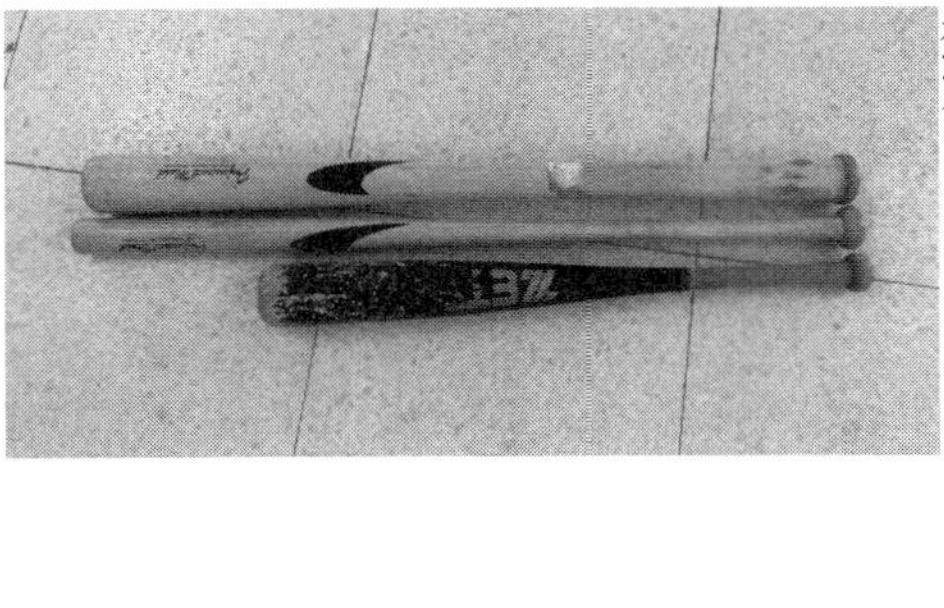

緩く投げたシャトルを打つ見極め練習もある。

〈跳び箱、マットのマウンド〉

打撃投手が使用。あえて足もとが不安定な場所をつくり、バランスを維持して投げる。

「股関節周りの柔らかさがないと投げられません。一本下駄を履いたり、バランスディスクの上に乗ったりすることもありますが、バランスを失った状態でのトレーニングです」

【道具】

◉80センチバット

至学館では長いバットを短く持つのではなく、短いバットを使用する選手がいる。

「身体が小さいのに目一杯長く持ってるぞ、と思わせるという理由ももちろんあります。もうひとつは、短いバットをフルスイングしたほうがいいんじゃないと。バットにはヘッドバランスがある。それに合わせて、きちっと振るほうがヘッドが利いて飛ぶと思います」

【勉強】

試験で赤点イコール退部がルール。再挑戦が認められれば練習の代わりに勉強をする。

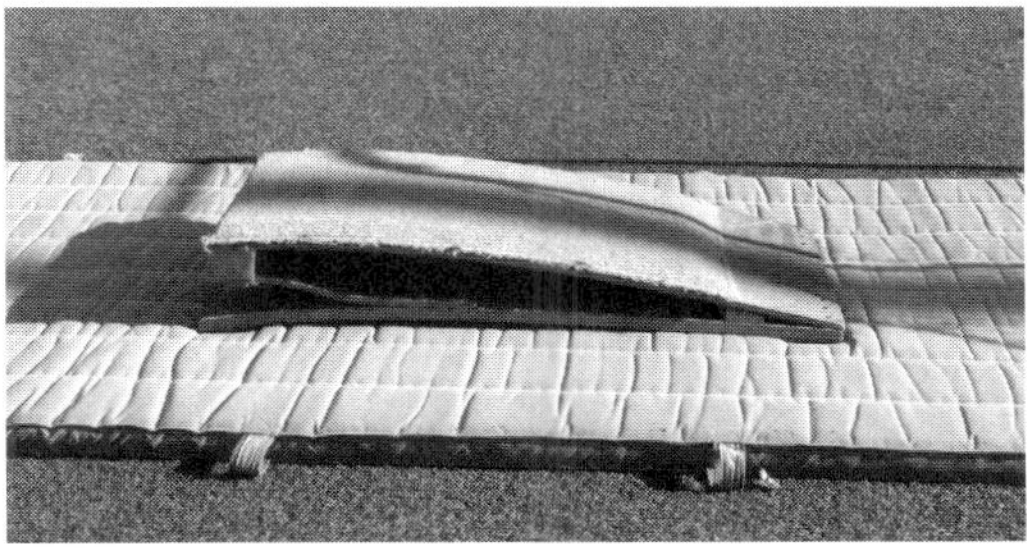

おわりに

ビッグゲーム――。

愛工大名電の倉野光生監督がそう呼んでいるのが、〝私学4強〟との戦いだ。能力の高い選手がそろうことに加え、昔からのライバル関係もあり、選手はもちろん、OBやマスコミもヒートアップする。いつも以上に気合が入り、いつも以上に神経を使う一戦。ゆえに、1試合戦ったときの疲労度が他の試合の比ではない。この場合、同じ9イニングでも1・5倍、ときには2倍ぐらい長く戦った計算をしておかないと、最後に息切れすることになる。

「1大会にビッグゲームは2試合が限界でしょうね。3試合になると息絶えちゃう。同じ試合数、イニング数で数字的には変わらなくても、ビッグゲームは消耗度がホントに大きいんです」(倉野監督)

東邦・森田泰弘監督もこれを実感している一人だ。まだコーチだった86年夏に見た選手たちの様子がいまだに忘れられない。

「あのときは旅館で合宿をしながら試合をしてたんです。初めて見ました。決勝の前の日、選手たちの寝方が違うんです。仰向けで寝ないんですよ。うつ伏せになってベタッとなって寝てる。疲れ果てたって感じで。ちょっと違うなと思いました」

その夏の東邦は激戦ゾーンだった。初戦の2回戦が当時の〝5強〟の一角である愛知、3回戦が中京（現中京大中京）、4回戦が杜若、5回戦が愛工大名電、準々決勝が名古屋大谷、準決勝が春日丘。〝私学4強〟のうち2校を含む全校が実力ある私学だった。対戦相手の享栄の相手を見ると、豊田西、知多、横須賀、長久手、東海工、滝。力の差のある学校が多く、すべて5点差以上の楽勝だった。決勝では東邦のエース・田中大次郎が2失点と踏ん張ったものの、打線が剛腕・近藤真一（元中日）に4安打に抑えられて完封負け。まさに、ビッグゲームの3戦目。疲労困憊、精根尽き果てたという状態だった。

別表B（P254・255）のように、87年以降の30年間の愛知県の優勝校を見ても、ビッグゲームを3試合制した学校はひとつもない。多くても2試合だ。一方で、〝私学4強〟をスルーしての優勝は5度もある（対戦する可能性のない98年、08年の東愛知は除く）。準優勝チームで不運だったのは10年の愛知啓成と14年の栄徳。愛知啓成は享栄、東邦を破ったが、決勝で中京大中京に2対7で敗退。栄徳は愛工大名電、中京大中京を破ったが、決勝で東邦に2対4で敗れた。いくら勢いがあっても〝私学4強〟の3つを撃破するのは難しい。ビッグゲームの疲労度がいかに大きいかを物語っている。

なぜ、このデータを紹介したのか。それは、いつチャンスが訪れるかわからないと知ってほしいからだ。30年間のうち、〝私学4強〟以外で優勝したのは5校（94年愛知、96年愛産大三河、97年豊田大谷、01年弥富＝現愛知黎明、11年至学館。東愛知は除く）。このうち、豊田大谷を除く4校はビッグゲームが1試合だった。実は、ビッグゲームが1試合だけだったのに、甲子園を逃した学校は多い。最近15年間で4強と当たらず決勝進出したチームは5校もある。

06年の愛産大三河は西尾東、新城東、岡崎城西、桜丘、豊田西を破って決勝に進出したが、愛工大名電に0対4で敗退。09年の刈谷は豊野、豊川工、大同大大同、一宮南、杜若、誠信、豊田西を破って決勝に進んだが、その年全国優勝を果たす中京大中京に0対5で敗れた。13年の愛知黎明は大府東、半田農、鳴海、大府、愛産大工、至学館、愛産大三河と破って決勝に進出するも、愛工大名電に1対2で敗れている。エース森福允彦（現巨人）を擁した03、04年の豊川は2年連続で決勝まで4強をスルー（03年＝江南、名古屋、安城東、知多東、刈谷、愛産大三河、杜若　04年＝西尾東、瀬戸、豊田西、春日丘、大同工大大同）して決勝に進む強運だったが、03年は愛工大名電に0対3、04年は中京大中京に4対6で敗れた。5校に共通するのは、決勝でビッグゲームを迎えていること。〝私学4強〟の壁がいかに厚いかを物語っている。

弱者の場合は、ビッグゲームが2試合あると厳しい。だが、1試合なら、ノリと勢いで突破してしまうことがある。その1試合が決勝以外だったら……。そのときこそ千載一遇の大チャンスだ。だが、その機会がいつ来るかはわからない。

ひとつだけいえるのは、運もチャンスも準備している人にしか訪れないということ。運と準備はペアだということ。大垣日大・阪口慶三監督が言うように、2年計画、3年計画などはありえない。どんなに戦力がなかったとしても、毎年が勝負。その年に全力を傾けることが必須だ。

ピッチャーがいないから。打てないから。守備が悪いから。2年生ばかりだから……。そんなことを言っている人に野球の神様は振り向かない。努力という準備を重ねて、そこに運が重なったとき――はじめてチャンスをつかむことができる。

最後に、こんな言葉をプレゼントします。

凶運の持ち主は、自分を変えることを嫌がる。
強運の持ち主は、自分を変えることを怖がらない。
強運の人は、自分がもっとよくなることは、喜んでやる。

この本をきっかけに、夢が実現する人が生まれることを願っています。

田尻賢誉

[別表A]

2007

○愛工大名電	試合数	投球回	●中京大中京	試合数	投球回
細江	4	24回2/3	細川	4	11回
高須	4	4回	井藤	3	17回
柴田章	2	4回1/3	堂林	2	13回
森本	1	6回			
計	5	39	計	5	41

2008西愛知

●愛知啓成	試合数	投球回	○東邦	試合数	投球回
小出	4	24回1/3	和田	3	14回2/3
加古	2	9回1/3	下平	3	12回
二村	3	8回2/3	佐々木	2	4回1/3
川口	3	2回2/3	石黒	2	2回
			西田	1	3回
計	5	45	計	5	36

2008東愛知

●成章	試合数	投球回	○大府	試合数	投球回
小川	4	25回	大野	4	17回1/3
西崎	2	10回	今村	3	15回
中森	2	9回	石川	2	8回2/3
			鶴見	1	3回
計	5	44	計	5	44

2009

●刈谷	試合数	投球回	○中京大中京	試合数	投球回
早川	7	51回	堂林	4	14回1/3
服部	2	3回	森本	3	9回
吉田	1	1回	山田	2	5回2/3
計	7	55	計	5	29

2010

○中京大中京	試合数	投球回	●愛知啓成	試合数	投球回
浅野	4	20回1/3	中川	5	34回
森本	4	8回2/3	児玉	4	10回
戸崎	1	3回	河野	4	9回2/3
竹内	1	2回	土本	2	7回1/3
			木村	1	0回
計	5	34	計	7	61

2011

●愛工大名電	試合数	投球回	○至学館	試合数	投球回
濱田	4	36回	岩田	4	12回2/3
東	1	7回	小曽根	4	13回2/3
渡辺	1	1回1/3	山田	5	16回1/3
坂谷	1	0回2/3	小川	4	3回2/3
			神野	2	2回2/3
			若杉	2	1回
計	5	45	計	5	50

2012

●東邦	試合数	投球回	○愛工大名電	試合数	投球回
丸山	4	25回1/3	濱田	4	35回
堀江	2	12回	東	1	9回
竹中	1	5回2/3			
三倉	1	3回			
計	5	46	計	5	44

2013

●愛知黎明	試合数	投球回	○愛工大名電	試合数	投球回
大久保	6	47回1/3	東	5	31回
菱川	1	5回	石川慎	2	4回
今井	1	0回2/3	若原	1	1回1/3
			松本	1	3回2/3
計	7	53	計	5	40

2014

●栄徳	試合数	投球回	○東邦	試合数	投球回
大内	5	26回2/3	大井	4	27回
大塚	4	29回	藤嶋	2	9回1/3
川畑	1	2回1/3	山下	3	2回2/3
計	7	58	計	5	39

2015

●愛工大名電	試合数	投球回	○中京大中京	試合数	投球回
福本	4	14回	上野	4	21回
桜木	4	13回	長谷部	3	18回
横山	2	3回	磯村	1	1回
藤村	2	4回			
計	5	34	計	5	40

2016

●愛工大名電	試合数	投球回	○東邦	試合数	投球回
藤村	6	42回2/3	藤嶋	4	25回
室田	3	11回1/3	松山	4	16回1/3
中神	3	1回2/3	千手	2	1回2/3
横山	3	1回1/3			
計	7	57	計	5	43

[別表B]

1997豊田大谷	
6－5	滝
6－0	渥美農
8－2	**東邦**
9－2	**愛工大名電**
10－0	大府
9－5	豊橋南

1998愛工大名電（西愛知）	
7－0	千種
8－1	美和
9－2	愛知
2－1	春日丘
9－2	弥富
	(5－5 弥富：引き分け)
16－13	**東邦**

1998豊田大谷（東愛知）	
9－2	半田
5－2	豊田西
8－1	豊橋東
5－3	刈谷
12－0	成章
5－0	大府

1999東邦	
8－1	西尾
7－3	碧南
10－3	杜若
14－0	大府
9－4	**享栄**
3－0	**愛工大名電**

2000中京大中京	
14－0	国府
10－0	尾西
10－3	愛産大三河
6－5	豊田大谷
7－2	**愛工大名電**
11－3	豊田西

1992東邦	
13－0	幸田
6－2	星城
7－0	東郷
13－4	名城大付
10－0	豊田大谷
9－0	豊田西
15－5	**中京**

1993享栄	
6－0	新川
4－3	**東邦**
7－1	東海
6－0	豊明
17－0	成章
2－1	豊田大谷
3－0	豊田西

1994愛知	
7－0	向陽
8－1	富田
9－4	東海商
3－2	**東邦**
5－1	安城南
9－3	碧南
10－9	三河
4－0	名古屋第一

1995享栄	
10－0	一宮西
6－1	中村
8－1	横須賀
3－0	岡崎城西
9－0	**中京大中京**
2－0	名古屋第一
14－0	弥富
3－2	**愛工大名電**

1996愛産大三河	
5－0	名古屋市工芸
14－3	国府
5－0	岡崎工
12－2	西尾
11－0	豊田西
4－2	名古屋第一
7－4	**中京大中京**
3－0	愛知

1987中京	
9－2	成章
6－1	阿久比
3－1	一宮北
6－5	**享栄**
6－0	豊川
8－0	名古屋第一
6－3	**東邦**

1988愛工大名電	
13－0	足助
1－0	西尾実
6－2	弥富
6－4	滝
7－0	西尾
4－3	**東邦**
8－7	名城大付

1989東邦	
11－0	小牧
5－1	瀬戸北
7－0	一宮北
3－0	岡崎西
8－1	愛知
12－0	武豊
3－2	**享栄**
8－0	豊田西

1990愛工大名電	
11－1	半田工
7－1	同朋
8－1	豊橋商
5－4	碧南
11－4	東浦
7－1	大成
5－4	**中京**

1991東邦	
8－0	中村
8－1	同朋
14－0	三好
12－1	豊川
7－1	西尾実
2－1	豊田西
5－1	春日丘
7－0	**愛工大名電**

2011 至学館

10－7　同朋
10－9　愛産大工
4－0　小牧
2－1　菊華
10－7　豊川
4－3　愛工大名電

2012 愛工大名電

8－2　中部大一
8－5　至学館
6－1　名古屋国際
2－1　愛産大工
10－2　豊田西
3－2　東邦

2013 愛工大名電

8－1　東郷
9－1　豊田西
6－5　明和
5－0　春日丘
8－1　中部大一
2－1　愛知黎明

2014 東邦

10－2　名古屋市工
4－3　豊橋工
6－3　豊川
11－1　大府
8－1　豊田西
4－2　栄徳

2015 中京大中京

7－0　津島北
6－1　西春
9－2　豊橋中央
5－1　愛産大三河
10－3　東邦
4－3　愛工大名電

2016 東邦

5－0　渥美農
9－0　東郷
8－0　時習館
3－2　享栄
3－0　栄徳
7－2　愛工大名電

2006 愛工大名電

7－3　岡崎工
8－7　愛知啓成
11－3　松蔭
7－0　星城
8－6　春日丘
4－0　愛産大三河

2007 愛工大名電

4－0　岡崎城西
8－1　至学館
11－0　栄徳
10－4　愛知
9－6　享栄
7－5　中京大中京

2008 東邦（西愛知）

8－1　名古屋
9－5　天白
10－0　小牧工
8－1　愛工大名電
10－2　愛知
12－9　愛知啓成

2008 大府（東愛知）

8－2　三好
14－3　大府東
3－0　新城東
3－2　岡崎商
4－1　刈谷
3－1　成章

2009 中京大中京

11－1　愛知
10－0　昭和
13－3　桜丘
15－0　愛工大名電
10－2　愛知啓成
5－0　刈谷

2010 中京大中京

6－0　名古屋市工
15－0　長久手
10－0　豊橋東
10－0　岡崎商
7－1　碧南工
7－2　愛知啓成

2001 弥富

11－0　守山
3－2　津島東
10－3　起工
8－1　三谷水産
14－3　瑞陵
11－8　大府
10－8　享栄
9－7　豊田西

2002 東邦

6－3　旭野
15－2　長久手
14－1　桜台
2－0　岡崎城西
1－0　碧南
4－0　佐織工
4－1　時習館
4－2　中京大中京

2003 愛工大名電

31－0　西陵商
9－0　小坂井
16－1　蒲郡東
9－2　星城
10－2　享栄
9－0　岡崎東
4－1　中京大中京
3－0　豊川

2004 中京大中京

16－0　旭野
8－1　愛産大工
11－1　岩倉総合
8－6　東邦
2－1　愛工大名電
6－4　豊川

2005 愛工大名電

8－1　山田
8－1　名古屋南
12－0　大同工大大同
6－3　愛知啓成
9－3　豊田西
9－0　豊田大谷

愛知に学ぶ高校野球！
激戦区を勝ち抜く方法

2017年8月14日　初版第一刷発行

著者／田尻賢誉

発行人／後藤明信
発行所／株式会社竹書房
〒102-0072　東京都千代田区飯田橋2-7-3
☎03-3264-1576（代表）
☎03-3234-6208（編集）
URL　http://www.takeshobo.co.jp

印刷所／共同印刷株式会社

カバー・本文デザイン／轡田昭彦＋坪井朋子

取材協力／柴垣旭延（享栄監督）、阪口慶三（東邦前監督・大垣日大監督）、倉野光生（愛工大名電監督）、森田泰弘（東邦監督）、大藤敏行（中京大中京前監督・U18侍ジャパン代表コーチ）、麻王義之（至学館監督）、高橋源一郎（中京大中京監督）ほか

写真／朝日新聞社

編集人／鈴木誠

Printed in Japan 2017

ISBN978-4-8019-1173-4